推荐序

自女儿从北京大学毕业后，我全力支持她去美国留学深造，她有幸进入麻省理工学院（MIT）。从她办理留学的过程和我个人的经历出发，我深知留学对一个人的人生所能产生的重要意义。而一本内容翔实的留学书籍，能让学生在申请留学时事半功倍、少走弯路。

自1997年我从香港大学电机电子学工程系毕业并获得博士学位回内地工作以来，至今已有20余年。回首过往，我仍十分激动于当年赴港求学的整个过程。留学时遇到的种种是惯常人生轨道难以接触到的人、事、知识、历练等，让我能够突破个体思维局限，真正用全球化的眼光看世界，进而获得受益终身的人生经验和知识。

从这个角度来说，我们能够通过留学来重塑人生。地球村、全球化始终是进行时。人类的命运相互融合，推动人类文明整体进步是必然的趋势和进程。中国的青年人毫无疑问要参与全球竞争，需要具有全球视野。在这个过程中，留学是一道“彩虹之桥”。这道“彩虹之桥”将帮助青年人了解世界，广交朋友，打破地区与地区、文化与文化之间的壁垒和隔阂，化天堑为通途。

人生一路走来，总是有意无意地做出选择。而每一个选择，都有可能导致方向的改变。如何尽可能地做出正确的选择，就需要有不同的“营养元素”注入。

一个人的人生态度、生活处境等，都是某方面的“营养元素”。任何人的人生，都需要充分的滋养。留学，恰恰是一个生机勃勃、元气饱满的滋养方式。

意大利知名作家伊塔洛·卡尔维诺在其著作《看不见

的城市》中写道："你跑了那么远的路，只是为了摆脱怀旧的重负！"这句话换个角度理解，也可以说每一个人只有不断接触新鲜事物，才能一往无前。留学，自然有这种打开全新世界与人生可能的诱人特质，可以改变人生！

我不想大谈特谈留学的价值和意义，那些已经人尽皆知。在我看来，人们需要知道留学最闪光的一面——促进文化交流及留学个体发展。

同时，从家长的角度来说，留学对每个家庭而言都是一件大事。当然，处在不同阶段，对留学的诉求各有不同。这也让留学有着千人千面的特性，是一项极具个性化的"系统工程"。因此，在留学之前家长和学生深入了解留学多维度资讯、信息非常必要，且不可或缺。

欧弗教育推出的这本书，讲述的正是留学方面的重要资讯与信息。这本凝聚了欧弗教育老师们心血的留学辅导书，相信能够给学生和家长带来很多启发。本书内容翔实，行云流水，有一气呵成之感。

本书从不同角度对留学常识进行解读和剖析，深度挖掘出许多新颖观点。这能让家长和学生充分了解申请留学的有效路径，并发现海外求学的魅力所在。本书不仅专业性十足，也充满了人文关怀，从人生视角洞悉留学生活。

"文以载道，诗以言志。"一行行的文字，记录着欧弗教育在留学行业的深厚积淀。通过此书，相信欧弗教育将成为更多学生和家长了解留学各方面资讯与信息的窗口。

（詹宜巨　中山大学教授、博士生导师，香港大学博士）

美国本科留学指南

A Guide to Applying to American Universities

陈艳敏　刘珍予　编著

华南理工大学出版社
SOUTH CHINA UNIVERSITY OF TECHNOLOGY PRESS
·广州·

图书在版编目（CIP）数据

美国本科留学指南/陈艳敏，刘珍予编著. —广州：华南理工大学出版社，2023. 1

ISBN 978 - 7 - 5623 - 7222 - 6

Ⅰ. ①美…　Ⅱ. ①陈…　②刘…　Ⅲ. ①高等学校 - 留学生教育 - 概况 - 美国　Ⅳ. ①G649. 712. 8

中国版本图书馆 CIP 数据核字（2022）第 193994 号

美国本科留学指南

陈艳敏　刘珍予　编著

出 版 人： 柯　宁

出版发行： 华南理工大学出版社

（广州五山华南理工大学 17 号楼，邮编 510640）

http：//hg. cb. scut. edu. cn　E-mail：scutc13@ scut. edu. cn

营销部电话：020 - 87113487　87111048（传真）

责任编辑： 张　楚

责任校对： 盛美珍

印 刷 者： 广州一龙印刷有限公司

开　　本： 787mm × 960mm　1/16　**印张：** 16　**字数：** 236 千

版　　次： 2023 年 1 月第 1 版

印　　次： 2023 年 1 月第 1 次印刷

定　　价： 53. 00 元

前 言

当前处于“百年未有之大变局”，每个人都必须做好面对未来的充分准备。而在大变局下，全球留学产业的发展，也面临着挑战。但必须看到的是，留学需求总体稳定。整体来看，学生对国际化优质高等教育的需求并未发生根本性改变，出国留学仍是重要的选择之一。留学始终是学生开拓眼界、增长见闻、锻炼自我独立能力、发掘个人潜力的重要方式之一，也有助于塑造学生融合东西方文化精髓的独立人格。

一方面，美国仍然是出国留学重要的目的地之一。而如何成功地申请美国留学，对学生和家长而言是一件非常复杂的事。必须认识到的是，申请赴美留学是一项系统工程，不能一蹴而就。

面对标准化成绩、背景提升、选校、申请流程等，学生和家长往往在准备阶段不知从何开始，在申请过程中也通常是一头雾水。不能有的放矢，不仅会浪费时间和精力，最终的申请结果也有可能不尽如人意。

另一方面，在信息化极度发达的当下，学生和家长固然能够轻易从互联网的信息海洋中获取留学的相关信息，但如何筛选出真正契合自身的信息却非常困难，毕竟很多信息都只是留学链条中的一个点，并未真正展现留学领域的全貌。

帮助学生和家长打破信息不对称，获取第一手留学信息，对留学全链条有更为清晰的认知，是编撰本书的初衷。《美国本科留学指南》是欧弗教育在留学行业深耕多年的多位资深老师总结出的赴美留学全景图。在此，感谢 Oscar Guo、Jerry Chan、Snowy Liao、Jiuhong Tu、Jiaxiao Liu、Xinyan Liu 等各位老师在编撰本书过程中的付出和支持。

本书包含的主要内容有：决定去美国留学前必须知道的

事，进入美国大学的三大赛道——以美国高中、国际学校、国内学校为主线，解读不同赛道的特色与优势；申请美国名校的多维度科学规划和申请流程；传递准备赴美阶段的经验，以及在美学习、在美生活各方面的知识等。相信这本书的面世，能够助学生一臂之力，让学生和家长对赴美留学的全流程了解透彻。

作为高端留学咨询机构的欧弗教育，始终致力于助力学生邂逅心仪的高等学府。欧弗教育依托具有多年高端留学咨询服务经验的专业化导师团队，联合多位在美国有近十年留学经历的名校毕业生共同创立。我们会陪伴和见证每位学生完成人生中一次华丽的蜕变，迎来属于自己的 offer rain。

心中有梦，粲然若花！每位学生都能肆意生长，呈现欣欣向荣之姿。而在留学之路的惊涛骇浪中，希望每位学生都能勇立潮头，劈波斩浪。星光不问赶路人，既已扬帆起航，未来皆可期盼。愿每位学生都能搏击时代风浪，开启灿烂留学之路！

陈艳敏　刘珍予

2022 年 10 月于广州

目　录

第一章

决定去美国留学前必须知道的事

中华文化，兼容并蓄。努力学习先进文化知识并化为己用的理念，有力传递出国人对教育的深刻认识和诠释。而以出国留学为桥梁去学习世界先进知识，能够让学生绽放新时代的活力。

古罗马最具影响力的诗人之一奥维德曾说，“一匹马如果没有另一匹马紧紧追赶并要超过它，就永远不会疾驰飞奔。”其实这句话从侧面佐证了竞争的必要性。尤其是对学生群体而言，他们在一个好的学习环境下遇到的竞争可能是其学习的动力来源，并由此脱颖而出。

其中，赴美留学成为很多学生的选择。美国之所以是留学重要的目的地之一，是因为美国的本科教育较为成熟，不仅大学数量多，分类也较为细致。加上毕业后较高的薪资预期，让国际学生对赴美留学非常向往。但学生也要注意的是，要想在美国大学成功毕业并非易事，需要付出艰苦的努力。

学生在决定去美国留学前，要预先知道更为详细的相关信息。这些信息包括美国留学的优势、美国本科教育体系的具体内容、美国大学本科毕业率及学习的难易度，以及美国大学毕业生薪资等。

了解这些信息后，学生就能做到心中有数，更清晰地了解赴美留学的主旨内容。本章将针对决定去美国留学前必须知道的事做详细讲解。

第一节 美国留学特色

一直以来，美国是中国学生出国留学的主要目的地之一。美国凭借强大的素质教育体系，培养出大批优秀人才。

学生去美国留学，能够融入与过往不同的学习环境。激烈的竞争则能让学生加速成长，并对以后的人生“亮剑”。许多学生之所以向往赴美留学，在于后者有着众多让人难以拒绝的特色。接下来，不妨一起看下这些特色吧。

◆ 十大特色

1. 一流的高等教育质量

整体来看，美国的高等教育质量位居全球一流行列中。在配套设施、师资水平、教育支出、教学等级，甚至教育环境以及整个社会对教育的认知及重视程度上，美国的高等教育都拥有一定的优势。同时，美国的高等教育学历在全世界得到广泛的认可。

2. 高额的奖学金、助学金制度

美国大学非常重视对人才的吸引和投资，即使你是国际学生，只要在各方面都很优秀，申请到减免学费、全额或部分奖学金的机会也非常大。而且，若学生在校表现出色，奖学金甚至可以支持其在美学习期间的全部学费和生活费。

3. 较多的勤工俭学机会

美国的高校往往会向学生提供很多勤工俭学的机会，一般情况下，学生只要争取，每周都有 15 小时左右的工作时间。这不仅对家庭的经济状况有所帮助，而且也可以支持学生的学习和生活。如果学生愿意在假期继续工作，所得的收入补贴是足够用于生活的。

4. 灵活的学分制

美国的高等院校实行学分制，只要学生完成了必修课程和规定学分就可以毕业并获得相应的学位。因此，经过周密计划和实施，学生完全有可能在三年内完成本科课程，或在一年内完成硕士课程；也可能同时获得主修加辅修学位、双学位或三个学位，因而节省时间和费用。

5. 开放的专业选择

为了给学生充分的时间考虑自己的兴趣和将来的发展，美国很多学校不要求本科一、二年级的学生选择明确的专业方向。除了某些有特殊要求的课程，本科一、二年级的课程基本上是面向所有学生设置的。

在三、四年级的时候，学生可自主选择专业。有的学生选择了某专业，希望更改，也有机会提出申请并重新选择。另外，在申请攻读研究生学位时，学生可以根据自己的实际情况选择与本科不同的专业。

6. 良好的签证形势

美国招收国际学生的大学都提供较高质量的本科教学，而其中有一半左右提供研究生教学。从这一点来说，留学美国拥有更广的选择范围和更大的机会。同时，不同类别的院校可满足不同背景条件的学生。

在签证方面，只要学生被美国大学录取，且满足相应条件后，通常会较为顺利地获得留学签证。

7. 感受多文化多种族的交流

美国是不同种族、不同文化背景人群融合的国家。“多样化”，是美国大学非常注重的一项因素。在这里，留学生可以接触到更为丰富多彩的生活。

8. 获得更广阔的职业发展空间

在美国完成学业后，学生可以选择就业或继续深造。对于前者，在美国本土的外国留学生可以同美国学生享有同台竞争的机会。

如果选择继续深造，从美国本科毕业的留学生在了解美国、获取资讯等方面打下了基础，在申请优秀大学时占据一定的优势。

9. 家属也可同时赴美

F1 签证学生可以在毕业之后有 1 年的 Optional Practical Training（OPT）。这段时间学生有工作许可，可以为任何公司服务，但要求做的工作必须跟你的专业有关。一般来说在与雇主签订工作合同时已约定，是否需要在工作一定时间后由雇主帮助办理申请移民。在学习或工作期间，均可申请家属赴美陪读或探亲。当然，直系亲属获得签证的可能性要大一些。

10. 获得更多工作机会

从参加英语考试到申请学校再到签证面谈，赴美留学的学生与本土的学生相比，往往需要付出更多的时间、精力和财力。所以，许多留美归国人员受到大型企业、国际办事机构等青睐。

◆ 其他特色

一项由全球教育智库 HolonIQ 发布的报告显示，国际教育市场规模有望在 2030 年末达到 4330 亿美元。而 2019 年，这一数字为 1960 亿美元。

其中，美国是最受国际学生青睐的留学目的地。据 U. S. News 发布全球教育资源国家排行显示，美国连续数年成为全球排行第一的教育资源优良的国家。比如在 U. S. News 全球最佳院校排行前 10 名中，美国大学占据了 8 个席位，这一比例足够证明美国教育资源在全球领域的份量。

除了上面提到的十大优势，美国留学还有其他种种特色，让学生为之受益。比如在本科阶段，主要包括以下几个方面的特色：

1. 通才教育的丰厚积淀

绝大部分国家在本科教育阶段，都比较偏重于专才教育。而美国教育体系，虽然在本科阶段也开设不同专业，但本质上还是很偏向通才教育。到了研究生阶段，才彻底转向专才教育。通才教育不仅仅重视学生在所选专业领域的技能提升，同时也很重视对人文素养方面的培养，国内常称之为博雅教育（源于对英文 liberal education 的解读）。

2. 相对自由的专业选择

出于对通才教育的偏向，美国本科并不会把学生限定在某个专业内，而是鼓励学生拓展自己的兴趣，广泛尝试不同专业领域，并提供充足的自由度。美国本科生更换专业，是非常普遍的现象。即使是在入学时选定了专业的学生，如果在就读过程中发现了不同的专业兴趣，也有机会转换专业。

对多个专业感兴趣的学生，只要愿意，可以在本科阶段选择辅修专业（minor，比常规专业所要求的学分稍微少一些），或者同时修读多个专业（major）。比如杜克大学有大约83%的本科生，在自己的主修专业之外，至少有一个额外的major或minor。

3. 专业技能训练

虽然如前文所述，美国本科教育重视通才教育，却不等同于对专业技能培养的忽视。首先是课程的时效性，美国教授上课时不会只限定于一本教材，而是旁征博引，给学生布置很多拓展学习的资料。平时作业，课堂小测验，课内小研究等，都会被计入最终的课程成绩。

很多导论性质的基础专业课，可能是由专业领域内的权威教授来讲授，深入浅出，让学生从根本上理解一个学科的综合情况，从一开始构架起专业发展的路径。课堂氛围活跃，强调师生互动，尤其是小班教学的专业课，互动机会多。

同时，在课堂时间之外，都会设置专门的课程内容答疑解惑的时间，称为office hour，以针对性解答学生在学习过程中遇到的各种困惑。再比如，根据不同学科对学生能力素质的不同侧重要求，授课方式也会相应做调整。很多强调实际操作能力的理工类课程，在高年级专业课阶段，通常有大量的课程设计项目course project任务。

上学接受教育的过程，对个人的影响最深远。这是每个人从懵懂的少年过渡蜕变成人的阶段，这个时期的人生观、价值观、世界观很有可能发生巨变。学生在这个年龄段，受好奇心的驱使很容易接受各种新奇的想法和观点，在各种多样化思维的碰撞中，逐渐形成特定的思维方式。

所以在财力允许的情况下，越来越多的家庭选择让孩子出国留学，接受不同的教育。而要申请到好的美国学校，一定需要长期的规划和执行。

第二节　美国本科教育体系

学生想要在留学之旅中开出更绚丽的人生之花，不妨先对美国高等教育体系，尤其是其本科教育体系进行更为深入的了解。这样一来，当真正地踏上赴美留学的旅程时，你才能更好地融入其中，获得长足的进步。

整体来看，美国大学不仅数量多，分类也非常细致。下面让我们一起来了解一下美国高校分类和学位。

◆ 大学分类

美国有数千所大学院校，从名称上主要分为三大类：综合性大学、文理学院和社区大学。申请美国大学并希望获得本科文凭的国际学生，通常需要申请综合性大学或文理学院，或者也可以先入读社区大学，之后通过转学分的方式转入综合性大学或文理学院就读。

1. 综合性大学

综合性大学提供的是从本科生、硕士研究生到博士研究生的课程。通常来说，美国众多顶尖名校都属于综合性大学，诸如哈佛大学、耶鲁大学这样。此外，综合性大学分为公立大学和私立大学两种。

公立大学规模比较大，在校学生人数在 1 万～2 万人，学生来源比私立大学广泛，学费标准分为州内学生、州外学生和国际学生三种。值得注意的是，国际学生不能与州内学生一样享受低廉的学费。而私立大学的财政来源是私人捐款，学生人数通常不超过一万人。

一般而言，综合性大学拥有实力较强的商学院、法学院、医学院、工程学院等。专业齐全，多达几十个系，上百个专业，几百个专业研究项目。这类学校代表了美国大学的顶级研究水平，能够获得美国联邦政府提供的大量研究经费。

2. 文理学院

很多学生和家长对哈佛大学、耶鲁大学这样的研究型综合性大学更为熟悉和了解，而威廉姆斯学院、波莫纳学院等文理学院的知名度和被认可度则逊色不少。事实上，文理学院与综合性大学一样，是美国高校的重要类型之一，其中不乏美国本土排名超越常青藤学校的顶尖名校。在影响力上，美国许多文理学院的声誉不亚于哈佛大学、耶鲁大学等名校。

文理学院往往代表经典、小规模、高质量的本科教育。文理学院很好地保留了美国传统的本科教育的精髓——培养完整人（wholeperson）的理念，注重全面综合教育。关注排名的学生和家长一定会注意到，在U. S. News 排名中，综合大学和文理学院是分开排名的，因为这两者在很多方面有所不同。

文理学院专注本科教育，大部分文理学院都只颁发理学学士和文学学士学位，没有研究生院。美国文理学院以本科教育为重点，强调发掘学生的思维潜能。文理学院校园规模一般不大，学生人数在2000～4000之间，小班教学，上课的老师基本都是教授。因为文理学院以教学为核心，所以教授不需要承担科研任务，能够专注教学。而且由于学生和教授的人数比较小，课堂讨论多，每个学生都能得到教授足够的关注，这对学生沟通能力的提高较有帮助，学生的个性也能够得到保护。

在专业方面，文理学院的专业选择没有综合大学多，课程设置以基础性的课程偏多，涵盖艺术人文、自然科学、社会科学等门类，对学生的阅读量要求更高一些。另外为了弥补实验设施条件的不足，很多文理学院都跟综合性大学合作，提供“3＋1”或“3＋2”的项目给学生。即学生可以通过交换生项目到其他综合性大学学习一年，或者参加学校与综合性大学的本硕连读项目。

3. 社区大学

社区大学主要提供副学士学位，很少提供学士学位。社区大学起源于二战后，美国政府为安抚退伍老兵，在各个社区开办了学院，由各地区的税金维持运营。社区大学为两年制学院，大部分为公立，多半为地方社区主办。美国约有1200所社区大学，约40%的美国本土学生选择在两年制的学院完成大学前两年的课程。

社区大学的课程有两类，一类为过渡性文理课程，学生毕业后可转入四年制大学继续深造。另一类为终止性职业技术课程，毕业生直接就业。社区大学颁授的学位是准学士学位。

近年来，国际学生选择就读社区大学的主要原因在于将其作为考入名牌大学的跳板。社区大学对语言成绩和专业基础的要求不像四年制大学那样严苛，还可提供专业技术和职业训练课程。国际学生可以利用宽松的环境取得良好的学习成绩，为两年后的转学做准备。

社区大学的特点比较突出：完善的转学指导和学习规划，良好的本科基础教育课程，学费便宜，入学机会多、容易被录取，提供英语语言课程（ESL）。

◆ 学位解析

赴美留学前，学生还必须清楚美国大学学位有哪些。据了解，美国学位包含四种：准学士（associate）、学士（bachelor）、硕士（master）和博士（Doctor）。

1. 准学士学位

准学士学位课程在地方和初级学院内进行，包括不同目的的课程：一为教学课程，内容与四年制学院相似，学生凭学分可以转入四年制学院。二是职业教育课程，目的是促使学生掌控实用职业技能，无须继续攻读学士学位就能从事技术工作。学生只要在两年制学校中修完所需学分，成绩合格即可收获学位。

2. 学士学位

要想获得学士学位，学生必须修读完四年全日制的课程，并获得相应的学分，成绩合格。在四年学习过程中，学生应当掌握多种学科广泛的一般性知识，同时要在其中某一实际领域里，掌握一定深度的专业知识。美国本科留学生经常在大课后进行小组讨论，即先自行阅读资料，然后共同进行讨论。学生在讨论会上的表现，便是教师评估学生学习成绩的一个重要依据。

在美国本科各个教育阶段，写作都是备受重视的一门课程。教授在讲授相应知识后，经常会指定某些论题让学生进行模拟写作。针对高年级的学生，教授则要求学生提出自己的论题，并在图书馆或实验室进行独立研究。

3. 硕士学位

在美国，只有设置了研究生课程的大学或专业学院，才拥有硕士学位授予权。硕士学位的攻读要求修读完学士课程或具备同等资格，用一至两年时间修读完 30 个学分的硕士研究生的课程，一般要通过硕士论文答辩才能收获硕士学位。

4. 博士学位

美国各大学对其博士研究生的培养，通常分为三个阶段。首先，学生要获得必要课程的学分。一般而言，攻读博士学位的学生在校期间需修完 11 至 12 门课程，获得 33 至 40 个课程的学分。

其次，学生要通过博士资格考试。通过博士资格考试是收获博士学位的重要条件之一。资格考试是一种综合性考试，内容深入且广泛，它并不是以硕士生课程为基础，二者无直接联系。对选择转校的美国留学学生而言，参加资格考试，是大概摸底，而绝非及格与否的简单判定。最后，学生要撰写博士论文并通过答辩。

赴美留学前，学生一定要知道，美国重视本科生教学，将培养优秀本科生作为大学最核心的理念，所以要非常重视学习。人生有很多条路，有的布满荆棘坎坷，有的满是鲜花绚烂，学生要重视自己的每一个选择。

是否赴美留学值得学生根据自身的实际情况去衡量，并做出相应的选择。

第三节　美国大学本科毕业率

事实上，拿到美国本科学位并非易事。

◆ 本科毕业并不简单

加州大学伯克利分校发布了一份针对留学生群体的调查统计报告，报告中明确指出有47%的博士生和37%的硕士生有一定的抑郁症状。而在本科新生中，平均每十个人中有一个有严重的抑郁倾向。学业压力，是造成抑郁的重要原因之一。

很多人对留学生的生活中有误解。在他们看来，不少留学生的生活就是吃美食、旅游、参加派对等。但事实上，绝大多数留学生都在认真学习，想尽快学到知识、拿到学位。这是因为，想从美国大学毕业并不简单。

我们通常认为本科的“准时”毕业是指4年后获得学士学位，削减留学成本的一个比较有效的方法就是在4年内毕业。但在现实情况下，绝大多数学生无法在4年内毕业。因此，美国大学通常会统计和公布学生6年甚至8年后的毕业率。学生想要全日制注册，每学期必须修读12个学分。学生要在4年内毕业，则必须每学期至少修满15个学分。

美国教育部国家教育统计中心（IES NCES）的2021年官方报告显示，从2015年秋季首批进入大学的学生开始算，全美六年毕业率为62.2%，比2014年增加1.2%。另外一个情况是，美国大学本科第一年至第二年的平均留级率达到了69.0%。若只看加州的学院和大学，平均留级率是74.0%。

◆ 数字证明毕业难度高

美国不同大学的毕业率，也有很大差距。一些大学的毕业率高于其他大学，例如常春藤盟校的学生比不太知名的公立或私立学校的学生，更有可能在六年内毕业。据 IES NCES 在 2022 年发布的数据统计，得出美国十所六年毕业率最高和最低的大学（表 1－1 与表 1－2）。

表 1－1　美国十所毕业率最高的大学

大学	4 年毕业率	6 年毕业率
普林斯顿大学	89.69%	98.02%
哈佛大学	85.93%	97.63%
斯沃斯莫尔学院	91.38%	—
圣母大学	97.00%	无法获得
耶鲁大学	83.95%	96.39%
纽约市哥伦比亚大学	85.72%	96.21%
芝加哥大学	90.72%	95.98%
威廉姆斯学院	89.01%	95.97%
麻省理工学院	86.63%	95.58%
杜克大学	88.42%	95.52%

表 1－2　美国十所毕业率最低的大学

大学	4 年毕业率	6 年毕业率
花岗岩州立学院	1.33%	6.67%
阿什福德大学	0.75%	6.90%
佩恩学院	6.86%	7.84%
马丁大学	10.00%	10.00%
西部国际大学	11.00%	—

续表

大学	4年毕业率	6年毕业率
阿肯色州浸信会学院	12.43%	—
琼斯学院－杰克逊	14.00%	—
得克萨斯学院	5.88%	14.12%
布鲁顿－帕克学院	4.55%	14.55%
莱莫伊－欧文学院	3.45%	15.17%

注："－"表示暂无相关数据。

不难看出，去美国读本科，从来都不是一种躺平。

还要注意的一点是，近年来本科生入学率由于疫情的影响而急剧下降。许多留学生因疫情而辍学，本科毕业率可能会在未来几年内进一步下降。这一点还要寄希望于后疫情时代学院或大学推出针对性举措，让学生重拾信心。

中国留学生应当充分关注美国大学的毕业率，客观认识到美国大学本科毕业的难度。不要心存侥幸，企图通过学术造假和作弊来快速达到毕业的目的。留学生因为自己的侥幸心理，被学校发现学术不诚信而致开除，甚至是违反当地法律，被追究法律责任，将会遗憾终身。

同时，学生和家长在申请美国大学时不要一味追求名校和学校排名，要根据自己的学术和语言水平，选择适合自己的学校。只有这样，学生在留学的过程中才能从容应对学习的压力，尽早毕业。

留学生就读美国大学可能会觉得有点煎熬，毕竟要面对学业和毕业的重重压力。但当学生成功毕业并迈向社会后，自然会获得更多的机会。一般来说，美国压力越大的学校，教育水平也就越高，学术要求更加严格，学生毕业后也更具竞争力。对学生来说，有付出才能收获回报！

第四节 美国大学毕业生薪资

中国学生赴美留学，对于绝大部分家庭来讲是一笔很大的投入。出国留学费用不菲，相信很多人都对留学回报率比较关注。一所学校的毕业生能否拥有好的就业机会和薪资待遇，也是学生择校时要重点考虑的。

总的来说，很多家长把送孩子留学视为对自己孩子未来的投资。当然，这种投资的回报是多种形式的，并受到多个因素的影响。

单从薪资水平来讲，决定这项投资是否成功的因素有很多，分别为学历、专业、就读的大学等。而所获取的学位，对人们一生的薪资水平都有着显著影响。

◆ 学历与专业影响薪资

不同因素对薪资水平有着不同影响。其中，学历因素比我们想象中有着更大的影响力。根据美国劳工统计局的数据分析，拥有高中文凭的工人的工资中位数为 38 792 美元，截至 2019 年，他们的平均失业率为 3.7%。相比之下，拥有学士学位的工人的工资中位数为 64 896 美元，平均失业率为 2.2%。而据乔治城大学教育与劳动力中心（CEW）发布的一份报告，拥有学士学位的成年人整个职业生涯的平均收入为 280 万美元，比拥有高中文凭的工人的平均收入高出 120 万美元。

人们普遍认为，获得学士学位，或获得更高的学位的毕业生在技能以及韧性和自信心方面更具优势。大学毕业生的平均起薪，反映了他们综合技能和知识的价值。根据美国大学和雇主协会（NACE）的调查，2022 年大学毕业生的平均年薪为 55 260 美元。这个数字比过去一年的起薪高出 2.5%。技术专业的起薪最高，其中石油工程师的平均起薪达到 87 989 美元。

大学毕业生的全国平均年薪在过去几年中一直保持稳定，约为50 000美元至60 000美元。其中，商科、数学与科学、工程和计算机科学专业的学生的平均年薪更高（表1－3），在55 000美元至70 000美元之间。

表1－3　薪水比较高的一些专业的平均起薪

专业	平均起薪/美元
工程	69 188
计算机科学	67 539
数学与科学	62 177
商科	57 657
社会科学	57 310
人文	56 651
农业	55 750

注：以上数据来源于美国大学和雇主协会（NACE）进行的一项研究。

一些职业由于毕业生供求关系的影响，他们的平均起薪远低于全国大学本科毕业生的薪资平均水平（表1－4）。

表1－4　薪水比较低的一些专业的平均起薪

专业	平均起薪/美元
美术	48 871
音乐	48 686
神经科学	48 190
艺术与音乐教育	45 613
戏剧和戏剧艺术	44 538
视觉和表演艺术	42 465
工作室艺术	41 762
幼儿教育	39 097

注：以上数据来源于华盛顿特区乔治城大学所做的一项研究。

值得注意的是，不同职业的薪资的确是需要考虑的问题，但选校选专业时也要综合考虑，毕竟适合自己的、真正喜欢的才是最好的！留学带给你的除了薪资外，还有更多想不到的收获。

◆ 学校非常重要

就读的大学，也是影响薪资水平的重要因素。某些大学的学位比其他大学具有更高的声望、更容易获得影响力和尊重，这也会体现在薪资水平上。对于那些从知名学院和大学毕业的人来说，起薪可能会更高。Business Insider 根据调查数据，得出平均工资最高的前 5 所大学名单，而这样的工资水平是有的学院或大学入学 10 年后获得的工资水平。

麻省理工学院（MIT）是美国最好的大学之一，本科学生入学 10 年后的平均工资最高，为 91 600 美元。这所世界知名的工程学院，有 22% 的本科生毕业后会继续从事与自己专业有关的工作。

哈佛大学，是美国最好大学和历史最悠久的大学之一。哈佛大学的本科毕业生在入学 10 年后平均年收入约为 87 200 美元。

乔治城大学是美国最佳大学之一，本科毕业生在入学 10 年后的平均年收入约为 83 300 美元。

斯坦福大学是美国最好大学之一，本科毕业生在入学 10 年后的平均年收入约为 80 900 美元。

宾夕法尼亚大学被评为最好的大学之一，本科毕业生在入学 10 年后的平均年收入大约为 78 200 美元。

上面的数据，显示了知名大学的学生在毕业多年后的平均年收入水平。

总的来看，留学生要通过学习不断提高自己的能力。申请美国留学的理由很多，为了更好的学术环境，为了体验不同的人文文化，但大部分人还是为了毕业后就业更有竞争力。留学是对于自身长远的投资，一旦选择就要坚持下去。

第二章 进入美国大学的三大赛道

正所谓，“条条大路通罗马”。人生的路不止一条等着我们去发现，同样的是进入美国大学的路也并非只有一条。对于年龄、学业、家庭经济收入等情况各异的学生而言，想进入美国大学大致有三大赛道。

这三大赛道分别是就读美国高中的低龄留学、就读于备受关注的国际学校，以及就读于国内公立学校。每一条赛道都有独特性，也有着各自不同的优势与弊端。而每一条赛道的坚持都需要学生自身持续的努力。当然，要想有目的性地去学习，学生也要对不同赛道有一定了解。

以美国高中这条赛道为例，学生需要事先了解美国中学体系、入学要求及审核点、寄宿中学与走读中学的区别与利弊、如何选课等。针对国际学校这条赛道，学生也要知道国际课程的不同，以便根据自身的兴趣和爱好去选择课程和国际学校。而在国内公立学校就读的学生，同样需要了解如何通过自身的努力进入美国大学。

想要赴美留学的你，究竟与哪条赛道有着更高的契合度？本章将针对进入美国大学的三大赛道做详细讲解。

第一节　美国高中

一、 美国中学体系及特色介绍

越来越多的家长，有着强烈意愿让孩子低龄留学。因为按照过往的经验看，低龄留学者更容易在将来申请美国的优秀大学。对于计划申请美国大学的学生而言，进入美国读中学是一个理想的选择。

相对于申请美国本科而言，学生申请美国中学时会遇到更多的难题。比如周围熟悉亲近的人因为不太了解美国的教育制度，往往无法帮助自己进行相应规划，或是无法对之后的升学及学业等进行指导。

在复杂的情况下，家长和学生对美国中学的体系、特色等有更多了解，自然非常重要。

美国的教育理念是：每个人都应有机会接受优质的教育，以发扬个人的天赋与能力。例如美国中学有着多样化的课程、基于学生特长和兴趣的选修课程、重视体育并鼓励参加团体活动，以及提高学生独立能力等。

高中阶段出国留学在以下几个方面有一定优势：

1. 获得入读美国梦校机会

比起在国内申请国外本科的学生，以国外高中生身份进行申请，更易被世界排名靠前的院校录取。

2. 开拓国际视野

学生能够尽早接触国外文化、融入国外社会。在海外求学，还可培养独立的生活能力和社交能力，开拓国际视野，健全独立人格。

3. 建立语言环境

这有利于学生培养各项技能和拓展思维，并且部分国外大学对该国高中毕业的学生会免掉语言成绩这一申请要求。

4. 兴趣爱好规划

国外高中可根据兴趣爱好进行选课，而课程与大学联系紧密、涵盖范围广，可以更好地证明自身学术能力，并有利于职业规划。

5. 拓宽人脉关系

指导老师或其他推荐人，可以参与到学生的申请中，有机会改善学生录取状况，助力进入理想的大学。

K12 学制与学分制度

美国中学体系的核心，在于 K12 学制和学分制度。

美国教育体系分为初等（小学）教育，中等（初中、高中）教育以及高等（学院、大学）教育。虽然美国各州采取的学制不尽相同，但都必须保证 12 年的义务教育，美国人习惯称之为 K12 学制。中等教育包括初中和高中，初中（middle school/junior high school）一般为六年级到八年级，共三年；高中（high school）一般为九年级到十二年级，共四年。美国政府重视教育，但联邦政府并不直接提供教育支持资金到 K12 学校，而是由美国各州自行根据税收来安排教育的投入。大部分州把不少的税收用于教育投入，美国中等教育普及率将近 100%。

从学校的性质来分，美国中学分为公立学校和私立学校。公立学校是按学区人口密度设立，方便学生就近入读。根据美国政府对 2021 年美国 K12 教育的统计数据，在所有的适龄学生中，90% 的学生进入公立学校，大约有 9% 的学生进入私立学校就读。公立中学由政府资助当地学生就读，学生免交学费；私立中学包括宗教团体的教区学校、非营利独立学校和营利的私立学校，供当地或外籍学生就读，学费、教材费、餐费、住宿费等一切费用，都由学生家庭支付。但有一点值得注意的是，就读于美国知名私立中学，毕业后入读美国名校的比例要远远大于公立中学。

美国中学除了分为公立、私立等，其中还细分为男校、女校、混校、住宿、走读等多种类型。建议学生从学校的办学质量、设施条件、校园环境等多个角度去考虑，找到适合自己的学校。

在学习方面，美国中学采取学分制度，但每个学校对学分设置的要求不一样。一般来说，学校将课程分为必修课和选修课，每一个年级所要求修的学分不尽相同，想要升入高年级，需要修完本年级规定所修的学分。在学分构成中，选修课的学分占有相当高的比重，而且选修课种类多、范围广，这与美国注重个性发展相关；必修课中社会科学与自然科学学分比例基本相同，这反映了美国社会对基础知识结构的要求。一般来讲，必修课一个科目一个学分，大部分学校的毕业要求是学生至少要修读 22～24 个学分才能毕业，也就是说就读的 4 年中，高中学生要修读 20 多门课，一般每学期至少选 5 至 6 门课。

◆ 课程特色明显

美国的课堂教学特点是充分地分层让学生找到自己的位置，找到自己的最近发展区，合理地安排自己的学业。美国中学课堂课程种类繁多，包括常规课程、高水平课程和特殊课程。

1. 常规课程

高中的常规课程可以分为 6 类，包括：

英语（语言艺术学科）。此类下包含传统的英语课程，可以帮助学生提高词汇量、阅读理解和写作能力。具体课程包括英国文学、美国文学等，建议每年都选修英语课程。

数学。典型的数学课程内容包括代数、几何、三角几何和微积分等。建议尽早学习这些基础数学课程，为更高阶段的数学和科学课程做好准备。大多数大学都要求学生在高中阶段修 3 年数学课程，更好的大学甚至会要求高中 4 年都修数学课程。

科学。一般来说，大学希望学生在高中阶段修至少 3 年实验室科学课程，建议将生物、物理或者化学、地球或者空间科学课程各安排入两个学期。更好的大学会要求学生 4 年都修科学课程。建议在基础科学课的基础上加上两个学期的化学或者物理（如果之前没有修的话）、高级物理、高级化学、高级生物课程。

社会科学。学习文化和历史方面的课程，可以帮助学生理解美国本土和世界时事政治。一般学校会开设的课程为世界历史、欧洲历史、美国历史、美国政府等。建议学生至少要选修两至三个学年的历史课程，对于考虑将人文学科定为大学申请方向的学生，建议考虑选修 4 年。

外国语。此处的外国语指除去英语外的其他语言。大部分美国高中都会开设西班牙语、法语、中文等语言课程，也有部分美国高中会开设其他语言课程，譬如德语、希腊语、葡萄牙语等。而有的美国高中，还会要求所有 9 年级学生学习拉丁语。大学会认为选修外国语课程的学生有提高自己学识的意愿，许多大学要求学生至少连续两年选修同一门外国语。

艺术。美国高中认为艺术是人文素养培育的重要组成部分，因而在学科设置的时候，许多高中都要求或者建议学生要修一个学年的艺术课程。艺术方面可供选择的课程，一般按照视觉艺术或表演艺术来分类。

2. 荣誉课程

荣誉课程是美国特有的区别于标准课程的一种课程形式。相对于普通课程，荣誉课程的量并不一定更多，其主要区别在于课程程度更深和学习节奏更快。荣誉课程强调的是批判性思维和独立的思考，选择荣誉课程的学生的一个主要特点是有很强的主动性。

美国的高中大多都设有荣誉课程，而荣誉课程的难度设置介于普通课程和 AP 课程之间。有的高中会以高于一般标准来计算荣誉课程的 GPA。比如，一般难度课程成绩等级 A 的平均绩点相当于 4. 0；较难的荣誉课程成绩等级 A 的平均绩点有可能会提升 0. 25，为 4. 25。

3. AP 课程

AP 课程（Advanced Placement）是大学先修课，即在高中修读大学一年级课程。在全美有 60% 的高中提供 AP 课程，包括哈佛大学、耶鲁大学等著名大学在内，已有 22 个国家 3000 多所大学承认 AP 课程。AP

课程的优势，在于能够提升 GPA 成绩点、证明学术能力、可抵大学学分等。

必须看到的是，美国高校在录取学生的过程中不仅要看学生的平时学习成绩，还越来越看重高中毕业生的大学先修课考试成绩。曾经有个统计：在录取参考指标排序中，连续十年排名位居前列，是大学先修课程的考试成绩。由此，大学先修课的成绩已经成为大学录取高中的最重要的试金石。

与大学课程紧密相衔接的 AP 课程、荣誉课程，富有挑战性，激励和促进越来越多的高中生接受更深入的学习。很多学有余力的学生在十年级时开始选择此类课程，启动“大学进阶键”，为升学做好准备。

学生在选择学术必修课程外，还可以根据自己的兴趣爱好选择选修课程。这些选修课程从培养学生特长和兴趣出发，满足学生个人潜能的开发和提升。这些课程从特点上来看有三大类：表演艺术类、视觉艺术、综合类。课程数量多，达到近八十门次，充分体现了多样化和自主选择性。

需要看到的是，美国私立中学以丰富的课余活动著称，这与私立学校一贯强调的注重学生的全面发展密切相关。运动（篮球、排球、网球、高尔夫、田径、体操等）、音乐（器乐、合唱等）、艺术（美术、雕塑、油画等）、演讲与辩论、剧本（戏剧与表演）、刊物编辑、社区服务、野外拓展等，数不胜数。这些活动能使学生得到全面的发展，并深度挖掘潜力。也正是这些活动的普及，使得私立中学的毕业生得到远远高于公立中学毕业生的大学录取率，尤其是像常春藤这样的名校的录取率。因为名校看中的是一个素质全面的毕业生，而非书呆子类的学生。

在授课方面，美国中学会参照美国共同核心州立标准（以下简称“Common Core”）的教学要求来做课程大纲的制定。美国中学没有统一的教材，各科教材由学校和任课老师选定。美国课堂大都以师生讨论为主，小班授课，私立中学学生人数一般不超过 20 人，公立中学学生人数一般不超过 30 人。课下作业以小组协作项目/独立课题研究为主，旨在培养学生的发散性思维及独立思考的能力。

总的来说，学生去美国就读中学需要大量汲取各方面知识，同时也要注意培养个人特长。只要学生完整地学到美国高中的所有课程，就具备报考美国大学的水平和资格。可以根据自己的兴趣爱好和职业规划选择专业。

二、 美国中学入学要求、 申请条件与流程

在了解美国中学课程体系及特色后，想必很多学生和家长已经心中有数。事实上，学生在低龄阶段就读美国中学的确有很多“隐藏优势”。其中重要的一点就是，能够以更高比例考入美国常青藤名校。

如果中国学生按部就班地从国内高中毕业后，想直接升入美国大学，尤其是进入常青藤学校非常困难。因为国内学生不仅需要准备参加高考，还要安排美国的 SAT 以及托福等考试，时间和精力会受到极大考验。如果学生选择在美国就读中学，不仅参加各类考试非常方便，而且可以直接参加 AP 课程等众多进入名校前必须先修读的预修课程。学生在美国中学体系中获得的学习经历和课外活动、社区活动的经历，也更加受到认同。

正是在种种因素的影响下，很多家长考虑安排孩子入读美国中学。那么，美国中学的入学要求及审核点有哪些？下面以备受学生和家长关注的美国私立高中为例，一起看看美国中学的入学要求。

◆ 注重考试及多元能力

既然是去美国就读中学，自然要选择更好的学校，私立高中凭借更好的环境、条件和教学实力等受到学生和家长的欢迎。必须注意的一点是，不同的美国私立高中的入学要求是有所差异的。越好的私立高中，要求越为严格，门槛也更高。比如一些顶尖的寄宿高中为了保持学校的国际生比例，每年只招 4～10 个中国学生。而学术等级越高和在国际学生中越知名的学校，申请人数越多，甚至出现二三百申请者竞争不到 10

个录取名额的情况。因此，学生要做好充分的准备。

首先学生要重点关注的就是标准化考试。说到底，标准化考试是学校考核学生最基本的方式，也能从基础层面反映出学生的学习情况。就目前来看，多数学校要求学生在申请时提交某几项特定的标准化考试成绩，比如针对申请美国初中学生所要求的小托福、申请美国高中所要求的托福，或是美国中学通用考试（SSAT）。此外顶尖的美国私立高中还对学生的英语能力水平要求较高，默认国际学生的英语水平跟当地学生在一个水平线上。

此外，学生还要重视培养自己的多元能力。其中重要的一点，是阅读写作能力一定要跟得上。须知，美国高中的学习阶段有大量与读写相关课程。哪怕学生的托福 100＋，SSAT 2200＋，也不表示阅读写作能力就好。这也是为什么学校在看 SSAT 成绩的时候，会单独看阅读的分数。因此对于申请顶尖美国私立高中的学生来说，如果数学成绩很好但是阅读单科低于700，那么最终的整体成绩还是会被打折的。

如果学生有非常优秀的学习能力，也是申请时的加分项。不少美国私立高中很看重学生的学习能力，而这个学习能力往往是通过学生所在的学校声誉、学生的在校成绩及老师推荐信/评语来了解。

除了学习能力外，美国私立高中还很重视学生的软性条件，如学生的兴趣爱好、课外活动、在校内的活动参与度等。举例而言，一个学生运用了一天内的 8 个小时全身心地学习并拿了 A＋，而另一个学生在这 8 个小时之内不仅学习，还做运动、参加管弦乐队和戏剧社团等，最终拿了 A。更多时候，这个拿 A 的学生被好学校录取的概率会更大些。大家要记好：Work hard，play hard！（努力地学、用力地玩！）

除了以上的基本审核要求，面试能力是最为关键的，也是最能够影响到结果的重要因素。在面试的准备过程，学生要对自身进行深度挖掘，还可以参加专门的培训，以让自己和学校之间有更紧密的联系。通过准备充分的规划和策略，学生能够在面试中更好地向面试官展现自己与学校的匹配度。

要知道，每年都有学生在标准化成绩有差距的情况下，在面试环节给面试官留下深刻的印象，并成功被一些竞争激烈的美国私立高中录取。因此，面试环节一定要高度重视。尤其是慢热、不善表达的学生更要进行针对性的训练。

◆ 申请条件

去美国中学读书，有些学生是想尽早体验美国式教育。更多的人则希望这一学习阶段，可以成为日后进入美国知名大学的跳板。提前了解申请美国中学的条件和流程，可以让学生和家长做到胸有成竹，遇事不慌。

1. 年龄要求

美国高中是 9 – 12 年级，相当于国内的初三至高三。国内学生在初二毕业时至高二在读期间，均可申请入读美国高中。国内学生读完初二后可以直接申请入读美国高中 9 年级，而对于国内高二在读学生建议申请入读美国高中 10 年级。一般在美国读高中的最低年龄要求，为 14 岁。

2. 学术成绩

申请美国高中留学时，当校方要求提供在读成绩，如果你是在初三上学期提出申请，那么初二的成绩显得格外重要。美国顶尖高中很重视英文和数学，部分学校还要求申请人提供美国历史与自然科学这两科的成绩。一般美国私立高中会要求平均分在 80 分以上，一些好的私立高中，甚至要求学生成绩在 90 分以上或者在全年级前 10。

3. 英语成绩

美国私立高中会要求国际学生提供英语标准化成绩。学校通过英语标准化成绩确定该学生的英语程度，以此来决定该学生是否需要参加 ESL 语言课程及确定相应年级和课程的选择。

4. 课外活动

美国私立高中崇尚体育，学生非常喜欢运动，因此建议家长有意识地帮助和鼓励孩子参加一两项运动，如篮球、网球、羽毛球、排球、棒球等。如果学生在初中担任班级干部或其他俱乐部、团队的领导，那么对于申请美国顶尖高中来说，这是一个极大的优势。

5. 综合能力

美国私立高中十分看重学生的综合水平以及学习潜力，更倾向于那些兴趣丰富、发展全面的申请人。因此，在大多数情况下，成绩优秀只是参考因素之一。应在社会实践、综合能力、兴趣爱好等方面多加培养。

6. 生活能力

很多孩子在家从未做过家务，自理能力相对较弱。如果学生在高中阶段去美国留学，不仅要面对紧张的学习，还要照顾自己的生活，将会产生许多压力。因此美国高中留学生必须具备良好的适应能力和成熟的心态，从而尽早适应美国的生活、学习和环境，学会在陌生的环境中独立生活，通过充分的接触和交流，为未来的发展创造良好的生活和思维习惯。

7. 经济条件

美国高中一年的学费加上生活费和各种杂费，一般为 3 万～5 万美元。家长需要提供银行的存款证明，来担保学生在美国期间的学费。一般建议，去美国读高中的学生的家庭的存款证明在人民币 100 万元左右，一般来讲中国学生在高中阶段只能进入美国私立高中进修。美国私立高中全年学费和生活费用总和，在 20 万～40 万人民币。也有一些私立教会学校费用相对便宜，一年不到 20 万人民币。

◆ 申请流程

1. 制定留学规划

完整的美国高中学习经历，对申请美国大学帮助非常大。如果下定决心去美国读书，建议早做规划和申请。有些家长认为孩子的时间还比较宽松，实际上越早准备越好。大部分家长都是等孩子快要申请的时候才开始了解，而实际上对美国高中了解得越早，所作的准备也就越好，可以让孩子拥有更多机会和优势，包括孩子日常的学习规划、语言培训、夏校的规划等。

2. 选择美国高中

留学要充分了解学校特色、课程设置、AP 课程、师资比例、毕业去向、地理位置、社区环境等。在了解一定量的美国私立高中之后，选择4～6 所学校一起做申请，形成不同的难度梯度；建议设置冲刺学校、平行学校和保底学校。

3. 准备申请材料

包括学校申请表；在读证明、在读学校简介（英文），在校成绩，初中 7—9 年级（初一至初三）的成绩单，推荐信三封，个人陈述，家长陈述，IBT、SSAT 成绩单复印件以及注册考试的网上 ID 和密码，SLEP 成绩单原件（提供复印件一份），获奖证书，护照/出生证明，护照扫描件。部分美国高中要求申请者提供体检报告。

4. 递交学校申请

根据美国高中申请开放日期，陆续递交申请材料。填写学校的网申表格，按时寄送各种材料以便学校进行审查。这段时间是学校开始评估学生申请的时间段，可以选择一个时间段来跟学校联系，询问评估进度等，也能给学校加深印象。

5. 参加学校面试

面试一般分为现场面试、电话面试以及视频面试。现场面试一般需要 1 小时左右。面试时需要学生穿非常正规的西装，包括白衬衫、领带、西装、西裤。一些学校的面试官会到中国的一些城市面试中国学生，其他的学校则要求学生去该校面试。前者因为在中国面试，无法顺便访校，后者一般会先进行访校再面试。

电话和视频面试一般需要 20 ～30 分钟，根据学生面试情况决定面试时间长度；学校通过面试来评估学生的综合能力。

6. 完成入学测试

有些美国私立高中会在初步审核申请材料，并且有录取意向的时候，发送一份入学测试，一般是英语和数学的测试，要求学生在规定时间内完成。

7. 等待通知并定校

大多数美国私立高中都会在3—4月陆续发放录取结果。学生在拿到录取结果后可以决定自己最终要去的学校，给学校一个反馈。然后缴纳定金、预约签证，学生在这段时间里需要支付学费定金给最终决定接受录取的学校，并在开学前把剩下的学费支付给学校。

8. 留学前准备

在确认被美国私立高中录取之后，学生就可以开始准备签证、体检和选课等一系列事情。去美国前一定要检查确认好机票、接送机和安排寄宿家庭。

想要去美国中学留学，申请无疑是一个重大的环节。在提交资料时，一定要按照学校的要求。面试时，多展现优秀的一面，并且做好全方位的准备。通过在美国中学的学习，学生能够尽快习惯美国授课及回答问题的方式，养成适应在美国学习的思维方式。这样学生就更容易在进入大学后适应校园生活，为未来的发展奠定坚实的基础。

三、 美国公立中学和私立中学的区别

随着出国留学成为越来越多中国学生的选择，低龄化留学趋势更为明显。

不过在低龄阶段去美国中学就读，更让学生和家长迷茫的一点在于，不知道如何选校。要知道，能否选择一所优秀的美国中学，直接关系到学生是否能接受更好的教育、是否能够挖掘自身潜力，更关系到日后申请大学时所占据优势的大小。简单来说，选择学校在一定程度上关系到学生的未来。

从中学性质看，美国的中学分为公立及私立两种。其中，美国公立中学招生通常遵循“就近入学”的原则。大多数情况下，学生住在哪个学区，就可以去上这个学区里的公立中学。美国的私立中学则通常没有居住区域限制，也就是说只要家长能够承担起学费、孩子通过了入学审

核即可就读。美国经济条件比较好的家庭通常都会选择让孩子进入私立中学就读。

在不少学生和家长看来，私立中学与公立中学最大的差别可能就是私立中学学费更高。但除此以外，两类中学还有很多其他方面的差别。了解美国公立中学与私立中学的区别这一基础知识，能更好地帮助学生和家长选校。

◆ 公立中学与私立中学的本质区别

从数量看，美国公立中学和私立中学有较大不同。据数据显示，美国现有 30 681 所公立高中，占据了整个美国高中教育体制里的大部分。同时，美国现有 11 941 所私立高中，隶属于私人机构或宗教团体。二者最大的不同，在于资金来源与学费。其中，公立中学的资金来自美国联邦政府与地方政府的拨款，孩子入读是免费的。父母只需要交部分的学杂费和学校偶尔组织活动的费用即可，可以说基本上不用花什么钱。

公立中学所在学区内的居民房产税，是学校收入的一个重要组成部分。通常情况下，学区内学校的日常资源分配占到地区房产税的 50%。由于中产阶级或富人居住区的房屋价格非常高昂，政府可以获得高额的房产税，由此也产生了不少“优质学区”。不过在富人区以外的很多公立中学经常发生财政危机，相对来说这些学校的硬件条件也都比较陈旧。私立中学的资金主要来自学生学费和校友、教职工以及家长的捐赠。对于部分有教会背景的学校，教会支持的资金也是一个重要来源。不少顶尖私立中学拥有实力雄厚的校友捐助渠道，对于学校的良性发展起到很关键的作用。同时，私立中学大部分的开支也是靠学费来维持的。

资金方面的差异，导致公立中学和私立中学的学费有明显差距。相对于公立中学几乎不收学费，私立中学一年的学费通常为数万美元。美国私立走读中学一年的学费一般是三万多到五万多美元，部分私立寄宿中学学费则高达七八万美元一学年。

国际学生还要注意二者在招生方面的差别。根据规定，公立中学允许外籍学生就读的最长期限是一年，只有少量的国际学生以交换生的形式就读。也就是说针对国际学生，公立中学不能发放 F-1 签证。

依据美国国务院的《全球人才交流计划》规定，持有国际交换生签证（J-1 签证）的学生，才可以在美国公立高中就读，期限为一年。就读公立高中的留学生无法取得美国高中文凭，只能进行短期的学术交流。这一留学经验对于没有就读美国高中想法，但准备申请美国本科的学生来说会更有价值一些。

私立中学就没有这种限制。美国的私立中学可以根据该校规定，依法接受外国留学生以学生签证持有者身份长期就读，直至高中毕业，考上大学为止。这也意味着，国际学生只有在私立中学就读才能在美国接受完整的高中教育。

如果学生的自身条件和家庭经济条件允许，申请私立中学是更好的选择。但要注意的是，私立中学的入学审核非常严格，大多数学校都要组织入学考试。私立中学的申请竞争也越来越激烈，需提前做好规划和准备。

如果学生的语言和在校成绩都没有竞争力，或者家庭财力一般，也可以申请去公立中学学习一年作为过渡。在这一年，学生既可以专注于语言的提高和适应美国教育体系，同时也可以为家庭节省一大笔费用。

美国中学是 8 月底至 9 月初开学，学生若希望自己在 9 月份入学，通常在前一年就必须开始着手准备。美国幅员广阔，学校很多，也并非每所学校都被授予核发 I-20（国际学生的入学许可）的资格。所以若家长有意送孩子到美国就读中学，事先规划非常重要。

◆ 公立中学与私立中学的更多不同

除了资金来源和学费的差异外，美国公立中学和私立中学还有很多区别。这些区别结合在一起，造成美国公立中学和私立中学成为两种完全不同类型的学校。同时，两类学校也对学生的未来发展造成不同的影响。

首先，二者的教学理念与课程设计不同。美国公立中学基本没有什么入学门槛，只要孩子在学校所在的学区里居住，并达到入学年龄，即可入学。公立学校的教学目标是培养学生立足社会的基本学习能力，让学生完成义务教育，所以相对来说要求是比较低的。简单来说，公立教育首先保障国民的义务教育权。因此在一般情况下，公立中学不会让学生留级、退学或开除学生。即使有个别孩子无法跟上课程，那么也只会被送到特殊班级，补上课程后再回到班级。

所以在美国，公立中学是用来保证基础，不是用来做个性化教育的。在课程开设上，公立中学的课程通常是根据国家教学大纲开设，基本的语文、数学、历史、科学等常规课程是一定有的。当然，有一些政府拨款充足的公立中学，通常会开设一些兴趣班的课程让学生选择。而私立中学的入学门槛，完全是由学校设定的。有些学校门槛不高，只要家长付得起学费，学校就愿意接收学生。但有些私立中学要求严格，学生入学需要通过学校的考试或面试，有时还会有智商和情商测试。顶级的学校更是需要有标准化考试分数，比如 SSAT 或 ISEE 成绩。国际学生还需要托福成绩，然后通过访校和学校面谈等一系列申请工作，才能最终进入理想院校。

从课程上来讲，私立中学的教学要求也比公立中学更高。除了培养基本的学习能力之外，私立中学还会更看重培养学生更为多元化的能力，比如领导力、社交能力、沟通能力等。在课程设计上，私立中学的课程也会更为丰富多彩，除了基本课程之外，还会有更多培养学生各方面兴趣专长的课程。此外，丰富的课外活动也是备受私立中学推崇。但要注意，私立中学具有开除学生的权限。如果学生达不到学校考试要求或者严重违反纪律，有可能会被劝退和开除。

其次，二者的班级规模和师资力量不同。公立中学一个班级的学生通常在 25 ～30 个人，一个老师要面对数十个学生。这样的话，老师可能难以对每个学生都照顾得比较周全。而私立中学更多的是“小班教学”，每个班的学生在 10 ～15 人，师生比达 1∶5 或 1∶6 等。这样一来，老师就有更多的精力和时间来关注每一个学生的发展。所以私立中学规模通常不会太大，一两百人的小型私立中学在美国很常见。大一点的有

300～500 人，700 人以上的就可以被称作大型私立中学。

在教师任职资格方面，公立中学对老师的教育背景有严格的要求和考核。老师必须从教育专业毕业，并且有专业资格证。所以公立中学的老师流动性通常比较低，学校通常不会主动解雇老师。而私立中学通常不会要求老师一定要有专业资格证书，但老师实力不容小觑。一般来说，私立中学的资金越雄厚，就越能请到好的老师。好的私立中学老师基本都是聘请各行各业的“精英人物”，甚至拥有硕士或博士学位。私立中学的老师大多数为合同制，这就意味着老师的流动性相对来说会更高。当然一些好的私立中学能给老师比较好的待遇和浓厚的社区归属感，这些老师会在学校里工作长达数十年甚至一辈子。

最后，二者能给学生带来不同的交友圈。很多时候家长想要给孩子选择一个好的学校，除了看中学校的教学质量外，还关注孩子们每天和什么样的同学在一起。相对来说，公立中学的学生类型会比较混杂。因为学生是按照学区来划分的，那么住在这一区的家庭是各色各样的家庭。比如在加州，墨西哥裔、拉美裔、非裔学生在公立中学的比例很高。

而私立中学的学生类型相对来说会比较单一，因为大多数孩子都是经过一定的筛选后就读。至少选择这个私立中学的孩子的父母，是有着类似的教育理念，家庭阶层上也不会差别太大。私立中学作为美国精英教育的主体，拥有更充足的资金和更丰富的资源。学生大都出自于中产家庭及以上，这类家庭本身就非常重视教育，会利用自己的人脉和资金全力支持学校的积极发展，保证学校的教学水平始终处于前列。

总的来说，在公立中学，学生可以了解到更真实的社会，也可以体验多元文化。私立中学整体来说教学质量会比公立中学更高一些，不过学费比较昂贵，且阶层也相对固定。针对选校这一问题，家长们还是应该从家庭情况、教育理念、孩子自身情况等方面进行选择。

四、 寄宿中学与走读中学的区别与利弊

在了解美国中学的体系、特色、入学要求及审核点，公立中学及私

立中学的区别后，想必家长和学生已经做出初步判断——学生本身是否适合去美国中学留学。对于绝大多数家庭来说，学生在低龄阶段去美国留学无疑有着非常多的好处。而在具体选校时，家长和学生还会面临一些很现实的问题。其中一个重要问题，就是学生到底要选择寄宿中学还是走读中学。

走读的好处是学生可以与父母有共处时间，方便处理学校的各种问题。亲子时光的增多让情感更牢固，对孩子的长期发展和身体健康有一定积极作用。当然，对自控力差的学生来说，也存在影响学习时间和习惯等方面的问题。寄宿学校的管理更为严格，学生压力会更大，也有可能遇到与同学之间相处的问题，但学习成绩有可能得到保证。无论是寄宿还是走读，学生和家长在长时间的磨合中总会找到一个平衡点。

而学生独自远渡重洋去美国中学留学，无论选择寄宿中学还是走读中学都会面临更多难题，毕竟家长若没有绿卡，不能在美国长住，也很难与孩子时刻保持联系。此时，选择哪种住宿方式的学校就显得非常重要。到底寄宿好还是走读好？学生自身更适合哪种？不妨来看一下二者的区别和利弊。

◆ 寄宿与走读的区别

必须先向家长和学生强调的一点是，学校的住宿类型不是判断一个学校好坏的核心因素。寄宿和走读没有绝对的好和坏，最主要的一点在于学生适合哪种类型的学校，以及可选的学校有哪些。

从字面意思上就能看出，寄宿中学与走读中学的区别，就在于住宿形式的不同。寄宿中学指的是学生住在学校里，走读学校则是指学生住在美国当地的家庭里。而住宿形式的不同，也直接延伸出二者在多个方面的较大差异。

有些寄宿学校是百分之百的寄宿，比如弗吉尼亚的主教高中 EHS。当然，寄宿中学也不代表学生都是百分之百的寄宿，大部分的寄宿学校是部分学生住校，也有一部分当地的学生走读。当地的学生可以选择住学校宿舍，也可以选择回自己家。而走读中学是没有宿舍的，国际学生需要住在学校附近的美国居民家庭。那些我们通常称之为寄宿中学的美国中学，会给国际学生提供学校宿舍。

从数量看，走读中学在美国中学体系中占据主流。走读高中的数量很多，在美国共有 12 000 多所，其中有 3000 多所接受国际学生的申请，比寄宿高中的招生规模更大。同时，美国大约有 300 所寄宿高中，其中仅有 180 所左右是对中国开放招生的。从数量上来讲，寄宿高中被走读高中碾压。

从地理位置看，大部分走读中学的地理位置在市区，离城市的核心距离更近，对学生参加课外活动、实习都有很大的帮助。此外，市区的地理位置还可以更便于学生选修大学的课程。比如，在巴尔的摩郊区的三所走读中学 Friends School of Baltimore、Bryn Mawr School、Gilman School，离约翰霍普金斯大学（JHU）很近，学生也因此能有更多机会参与到 JHU 的各类 program。

寄宿中学由于需要建设宿舍，校园面积普遍都比较大。因此，大部分寄宿中学都会设立在偏僻区域。寄宿中学进出宿舍、食堂、教学楼，包括参加周末的校园活动，都会更加方便。学生能够省去很多上下学的时间，校园总体环境相对安静，是静下心来好好学习的好去处。但是因为许多大型活动和实习的地点都在市区，如果学生想去参加，可能路程较远，需要解决交通上的不便。

此外，必须考虑的一点是，寄宿中学面向中国招收留学生可谓是“僧多粥少”。尽管国际留学生对于美国高中寄宿学校的申请热情不减，但是每年每所美国寄宿学校只招收极少数中国学生，申请成功的概率相当低。而且寄宿中学的申请门槛也很高，除了要求托福等语言成绩外，有很多学校甚至还需要学生提供 ITEP、SSAT 考试成绩等。相对而言，走读中学的申请要容易些。

更为现实的问题是，学生如果就读美国的走读中学，是需要寻找寄宿家庭的。而大部分家长对走读中学的担心和顾虑，正是来源于寄宿家庭的一系列潜在问题：孩子需要和寄宿家庭磨合，解决文化差异造成的矛盾；寄宿家庭可能无法随叫随到，不会准时接送孩子上下学；活动范围受限制，参加校内活动不会那么自由；有的寄宿家庭只是为了赚钱，对国际学生的态度很差……

说到这里，可以先了解一下美国对寄宿家庭的严格要求。留学机构或专门的美方机构负责推荐符合标准的寄宿家庭，多数会推荐申请学校所在社区的家庭。美国各州针对不满 18 岁的留学生设有专门的协调责任人和监护责任人，负责协调学生与寄宿家庭及学校发生的问题并及时予以解决。

家长为孩子选择寄宿家庭时，可以注意几个方面。首先，确保寄宿家庭的父母没有犯罪记录。其次，关注寄宿家庭氛围是否融洽，家长是否有责任感，家庭是否尊重中国文化，是否愿意接受来自中国的学生。最后，寄宿家庭的家长是否有时间和精力来照顾寄宿生，也是考虑寄宿家庭是否可靠的关键因素。

通常来说，如果家长精心挑选并加强沟通，一个良好的寄宿家庭环境会给学生带来意想不到的收获。

◆ 寄宿与走读的利弊

寄宿中学和走读中学，有着各自的优势与缺点。或许，很多家长比较倾向于寄宿中学。下面罗列出寄宿中学的优势，不妨一起来看一下。

1. 学校综合实力

美国私立寄宿中学大多数历史悠久，注重精英教育，无论是教学质量还是校园环境都堪称一流。部分走读中学也有一定的历史，但学校良莠不齐，难辨好坏。

2. 师生比例不同

美国私立寄宿中学大多采用十几个人的小班授课，师生比一般在 1∶16 到 1∶6 之间。美国私立走读中学也坚持小班教学，但因为招生人数控制比较灵活，教学质量也难以保证。

3. 活动类型不同

美国寄宿中学以参加校园活动为主，学生可以在第一时间参加各类活动，有助于培养学生的社交技能及综合能力。而走读中学的学生则由于校车时间、家长接送时间的限制，参加活动的自由度会减少，走读中学的学生往往会参加寄宿家庭组织的社区活动、家庭活动、教会活动。

4. 升学优势不同

在美国私立寄宿中学毕业生综合素质颇高，受到很多美国大学的青睐。就读走读中学的国际学生年龄相对较小，自我管理能力有限，不容易保证学校对每一个学生都能进行全面细致的监督辅导，这为学生升入名校带来一定的障碍。

5. 留学费用不同

从经济的角度出发，私立中学寄宿的费用要比走读中学的费用要高，就读走读中学要比就读寄宿中学每年可节省 1 万～2 万美元费用。

6. 校园基本设施建设不同

一般来说，美国寄宿中学资金来源充足，教学设施、体育和文化设施健全。走读中学的校园建设情况参差不齐，相对来说就读风险也较大。

7. 个人能力培养不同

私立寄宿中学更加注重学生个人能力、综合素质的培养，为有潜力的学生提供进一步的学习空间，使得学生能够得到全面的发展。然而随着近年来寄宿制中学竞争愈演愈烈，也有一部分同学开始选择赴美就读走读中学。

以上列举出的，是一些传统认知中寄宿中学的优势所在。但事实上，寄宿中学与走读中学的利弊存在于更广阔的方面。我们首先要承认的是，寄宿中学针对国际学生的管理更有经验。通常在寄宿中学中，国际生比为 20% 左右都是正常的，甚至有些学校达到 30% 以上。也因为招收的国际学生人数更多，所以寄宿中学针对国际学生的管理体系十分成熟。比如有些学校会专门安排对接国际学生的老师，不少学校也会针对国际学生安排语言辅导课，来帮助留学生适应美国的学习和生活。而在日常的生活安排中，许多寄宿中学也会管控学生的网络，每天要求必需的自习时间等。同时，寄宿中学也会有更完善的教学设施、更大的校园面积，满足学生的学习、课后活动需求。

但要注意的是，在后疫情时代，很多并不顶尖的寄宿中学疯狂招生。这导致国际学生扎堆。短期内学生难以提升英语能力，导致“同辈压力”增大，也就是说同辈竞争造成的心理压力很大。

此外，学生在寄宿中学也仍然避免不了一些问题：遇到和自己作息不一致的室友，影响自己的休息和学习；和室友性格不合，容易造成更多矛盾；生活比较单一，每天的活动范围仅限于学校；少部分学生自我管理能力较差，没办法全身心地专注于学习……在没有人管束的环境下，寄宿学校的生活其实也存在许许多多的不确定性。

选择走读中学虽然存在对寄宿家庭的担忧、需要考虑上学时间及交通、放学后空余时间太多不知如何规划等问题，但走读也有优势。比如除了在学校学习外，学生在日常生活中用英语与寄宿家庭成员沟通交流，处在纯粹的英语语言环境中，能够快速提升自己的英语能力。同时，在寄宿家庭里，学生能够全方位地了解美国文化，体验完整的美国生活。而且学生能够在学会沟通的基础上，变得更加独立等。

总的来说，寄宿中学和走读中学各有利弊。寄宿中学有多种多样的社团和体育运动，相对来说硬件设施会更好，对社团和校内活动有要求的学生更适合选择寄宿学校。而走读中学每周的活动相对较少，每天下午放学后学生就回到寄宿家庭，更多地参与家庭所在社区的活动，而且有大量课外时间需要安排，对学生的自我管理能力要求更高。

生活，总是充满了不确定性。在走读中学，学生可能会因为遇上好的寄宿家庭而看到一个独特的美国，也可能会因为寄宿家庭不方便接送，或态度不友善而产生无助感和孤独感。在寄宿中学，学生可能会因为住宿的便捷而得以参加各种各样的课外活动，也可能会因为性格内向而宅在寝室、不爱社交。简单来说，同样的环境也会在各方面因素的影响下造就不同的结果。在无法把控外部环境的情况下，家长和学生还是要从多个维度考虑，尽量选择最适合的住宿方式。

五、入读美国中学后如何选课

美国中学尤其是高中阶段在课程方面给予学生一定的自由度。针对必修与选修课程，美国高中都会给学生提供不同难度以及各种类型的课程以供选择。这对学生来说还是比较友好的，只需修满一定的必修课与选修课学分后即可毕业，也能最大限度地挖掘自己的潜力。

不过同时也要注意的是，学生在高中的选课及相关成绩也直接关系到大学录取情况。当学生成功收到美国高中的录取（Offer）后，一定要为美国高中选课做好准备。只有做到胸有成竹、有的放矢，才能为未来申请美国大学加上重重的砝码。

◆ 以大学要求为基础进行选课

学生去美国高中留学，终极目标自然是进入梦校，在美国大学中继续深造。针对这一目标，学生要做的，就是知道美国大学的具体要求。以大学要求为基础进行选课，学生才能更有把握地实现自己的目标。

通常而言，绝大部分美国大学在评估申请者时首要考量的，是申请者所在高中的学术声誉、学生的高中成绩单（Transcript）或是学校报告（School Report）。这里面包括了高中四年所有课程的设置，每一门课程的分数以及绩点（GPA）的核算方式。学生的高中成绩单，可以多维度反映学生的具体表现。学生的学术水平、学生所选课程难度、学生在学术上的偏好等，都能在高中成绩单上体现出来。这些能够被数据化的东西，都是美国大学招生官的关注点所在。下面我们一起来看下，学生在高中阶段应该怎样科学地选课。

我们都知道，美国不同大学有着差异极大的申请标准。但无论标准怎么变化，几乎所有美国大学对申请者的核心课程都有一定要求。毕竟，核心课程是学生知识水平的集中展现。这也意味着，学生在选课的时候，要非常重视核心课程。

一般来说，美国高中对于学生的学业要求是按照可以毕业拿到学位的最低标准。以麻省顶尖美国高中 St. Mark's School 为例，如果学生是自 9 年级开始在该校就读，其毕业要求为表 3－5 所示。

表 3－5　St. Mark's School 的毕业要求

学科	修学年限
英文	4 年
数学	3 年
历史、社科类	2 年
科学	2 年
外语	3 年
艺术	1 年

但必须看到的是，这只是高中毕业的基础要求。要想受到美国大学，尤其是美国知名高校的青睐，学生必须远超这些基础要求。也就是说，美国大学对于学生在高中阶段课程的学术要求，远远高于高中的基础毕业要求。以藤校哥伦比亚大学为例，对学生高中学业的要求是：

表 3－6　哥伦比亚大学对学生高中学业的要求

学科	修学年限
英文	4 年
数学	4 年
人文历史	3～4 年
外语	3～4 年

注：如果学生申请的是工科相关课程，还需要符合这些课程的具体要求。

上面所提到的这些，都是高中阶段的核心课程。如果能够在这些核心课程上取得好成绩，那么学生的竞争力就有了很大程度的保障。当然，如果想考上更好的学校，那么学生还可以下更大的苦功。如果申请者有 4 年英语课程（包括 AP 英文）、4 年数学课程（包括微积分）、4 年的人文历史（包含 AP 美国历史）、4 年自然科学课程以及 4 年外语课程的学习经历，在申请大学时会更有竞争力。

虽然核心课程的重要性值得反复强调，但这并不意味着体育、音乐及其他选修课程就不重要。因为美国非常注重每个人的个性化发展，非核心课程能在很大程度上代表学生的兴趣与爱好。尤其是在申请大学时，招生官能从其中看出学生是否具有广泛的兴趣爱好及丰富的经历。

招生官一般不会将非核心课程作为考查学生学术水平的标准，但会作为学生对于自身兴趣发展的深度考察。尤其是对于喜欢艺术的学生，AP 艺术史或者高阶艺术课程对于申请艺术专业更有助力。一份漂亮的非核心课程成绩单或表现，也在一定程度上决定着申请者是否受到美国大学的青睐。

◆ 这样在美国高中选课

在美国高中，选课非常重要。选哪门课、选什么难度的课，都在极大程度上影响着学生未来能进什么层次的大学和未来就读的专业方向。

学生在美国高中选课主要与以下因素有关联：学校的毕业要求、入学水平测试成绩（初入高中 9 年级或 10 年级需要参加的水平测试，placement test）、学生上年度的课程安排及学业成绩、顾问（advisor）和相关任课老师的意见、家长的建议、学生自己的意愿及未来规划等。

1. 选课前的准备

美国高中的教学大纲一般称为 Curriculum Guide，Course Catalog 或 Acedemic Year Book。每一所学校里的课程表，都是由学校教务管理人员（academic dean）和各学科领域（subject area）的领导以及相关教师共同制定。

学校的教学大纲一般都可以从学校的官网直接下载。教学大纲的作用是帮助学生选课、制定 4 年计划、合理有序地安排 4 年的高中学习生活。家长和学生需要全面了解学校学生手册里面的相关内容，才能更好地进行下一步的选课。

每所学校一般都有专门的顾问教师（counseling staff）对学生的学业生涯作规划指导（academic counseling），并专门设有一个指导咨询办公室（guidance counselor office），以保证学生选课适当，符合自身的发展与需要。但学生必须知道，很多时候学校的“academic advisor”并不是很清楚每个学生的情况，能够给予的建议自然较为有限。因此，在选课方面，学生需要先结合自身情况和远景目标，经多方收集信息之后，有针对性地去和学校的导师沟通。

2. 正式选课

每年的四月中下旬学生开始选下学年课程，学术顾问在老师的配合下将选课卡、学校课程目录以及参考材料发到学生手中。不同的学校，课程目录不同。一般学校课程目录含课程50门到200门不等、十几大类课程，课程的设置要看学校的学术实力。以分类为例，学校会将课程进行科目分类，并标注对应的选课年级。

此外，在课程难度方面，有些课程会细分为regular/honors/AP/semester-long/year-long，供有不同需求的学生选择。不同难度的课程会有相应的“入课条件”，所以在选课的时候学生要注意自己是否达到了对应课程的入课条件再进行选课。

同时要注意的是，美国各州对核心课程的要求不尽相同，而且很多顶尖大学的申请也会考核学生AP、IB、A-Level体系下的课程，荣誉课程或者高阶课程的成绩。常规课程可以直接选择，而AP和荣誉课程相较常规课程来讲，难度会有所提升，因此学校会对荣誉课程、AP等一些预修课程的选课进行年级和课程数量的限制。比如有学生想要选修AP生物，需要先在普通生物课上拿到B+以上的成绩。

在选课流程方面，学生根据必修学分要求、兴趣所在、课程难度进行选择，然后填写选课卡，提交给学术顾问，完成选课。这样的程序在每学期末的一个月前就要进行一次，以保证9—12年级学生下一学期的学习能够顺利进行。各个学科领域的负责老师确定了下一学期开出的课程及相关的任课教师后，将课程表交给学校的教务管理人员，最后制成全校的总课表。

3. 选课其他方面的注意事项

多与指导老师进行交流，让老师帮忙做一些规划，有利于学生按时完成所有课程并且顺利毕业；

根据自身的兴趣爱好，选择自己喜欢学并且相对较为容易的选修课程，因为语言如果有一定障碍，其他课程将会耗费很大的精力；

在一切都比较明确的前提下，多与老师、家长沟通，发现自己的兴趣爱好，并且尝试做一个长远的职业规划，对未来上大学及选择专业等有一个足够清晰的认识；

平均分配选修课程和必修课程，不要将大量的必修课程堆积在同一个学期，这样学习的难度会被大大提高，很有可能挂科；

提前规划和选择想要去的大学，查看符合大学具体专业要求的课程有哪些，以便针对性地进行课程的选择；

多参加校外的活动，不要把学习课程作为在美国高中留学期间唯一要完成的内容，课外的活动也是美国大学录取时非常重要的考察内容。

课程及学科的学习，大大影响着未来美国大学的申请。因此，学生一定要高度关注选课事宜。学有余力的情况下，建议学生可以提前预习美国高中核心课程的内容，比如英语文学、生物、世界历史，第二外语等。在有针对性的学习下，学生们能够尽快适应美国高中的学习节奏。

六、 在美国高中提升英文阅读写作能力

无论是哪种教育体系，都会有核心课程作为支撑。从本质上看，核心课程是指以人类各项基本活动作为各年级学生学习的核心主题所编制的一种课程。而核心课程的重要意义和价值，就在于提供学生所必须学习的生活经验，并培养学生成为社会有用公民。

在众多核心课程中，极具代表性的是不同语言的教育体系下的“语言课程”。美国的英文课程如同国内的语文课程，尽管美国大学申请的标准各异，但是几乎所有学校都对申请者的英文课程有一定要求。在美国，学生在整个高中 4 年期间都要学习这门科目，并须深化到一定程度。

对于母语并非英语的国际学生来说，英文课程看起来就像是一座难

以登顶的“大山”。但因为英文课程的重要性，又必须将这块“硬骨头”给啃下来。到底美国高中阶段的英文课程有多重要，又该如何提升英文阅读写作能力？一起来看下。

◆ 英文课程的重要性

核心课程的起源，可以追溯到赫尔巴特（J. F. Herbert，1776—1841）的教育论点。他认为要使学生了解一个新观念，必须使学生专心（concentration）。所谓专心就是指对于某些事物集中注意力，才能观察到事物各部分及整体。后来教育学者就把这种论点应用到课程设计上，成为以一种或几种科目为课程的做法的理论核心。1933 年到 1941 年，美国的进步教育协会（Progessive Education Association）共进行了八年研究，设法将核心课程应用于中学，获得当时教育界的重视。

核心课程因为有极为重要的作用，所以在设计层面必须强调共同的社会价值，以及共同核心价值的维持。这也是为什么国内的语文课程、美国的英文课程，从小学阶段延续到高中阶段，始终没有缺席的原因——要培养学生共同的思维，并产生类似的凝聚力和核心价值。

在经过了小学、初中阶段的英文课程后，本土学生往往已经打下了深厚基础。在高中阶段，国际学生要与美国本土学生共同学习、竞争，自然需要付出更多努力。

可能还有一些国际学生不了解英文课程的重要性，下面就来深度阐述一下。从英文课程本身的价值看，高中阶段的学习，能够对学生产生长远且积极的影响，无论是在学术、日常沟通与交流，还是未来职场经历等方面，都能让学生为之受益。比如在学术方面，高中阶段的英语课程能够极大拓展学生的视野，使其拥有理解人类文明和历史进程的全新角度，以及受到知名文学巨作的滋润，进而培养独立思考的能力。美国高中指定的英文读物，会向学生们介绍特定时期的工人阶级、奴隶制和种族主义问题，或者女性如何在父权制世界中争取自己的权利等意义重大的议题。通过对这些英文书籍的深入阅读，学生会长时间地沉浸其中，获得更多相关知识。

除了阅读之外，高中阶段的英文课程还注重学生的写作能力。无论是书籍的读后感，还是简短论文的撰写等，都能强化学生个人观点的表达和输出。而学生要做到这一点，并不容易。美国高中学生的英文作业中有很多是有标准答案的题目，但必须阅读材料才能写出来的，且一定会有对错之分的。

此外，还有很多作业是大篇幅的主观问题。这主要分为两种，一种是对写作方法技术层面的分析，比如文章哪些地方运用了比喻等，如何烘托主题；还有一种是主旨理解层面的分析，类似国内语文作业中主旨分析等题目。

同时，整体来看美国高中阶段英文课程所选的文章主题极为广泛，希望学生尽可能多地掌握知识点，比如美国文学史的重要特征。学生还要花费大量时间阅读小说、书籍等原文，并在此基础上回答问题。通常来说，这些书籍都是美国文学史上的经典，内涵的深意其实远远超出高中生能够体会和理解的范围。所以这就要求学生必须去搜索、查阅资料，学习和参考其他的书评。

经历高强度的英文课程和严格的作业要求，学生的英文能力可以被大幅强化。学生能在课堂内外不断提高他们的英语技能。在这样的高强度培养下，英语课程自然可以为学生提供有益于未来工作的可转移技能。包括但不限于开展研究、撰写简洁而有说服力的论点以及分析信息的能力，都能在高中阶段形成雏形。

美国高中阶段英文课程的具体要求，以及不同时间段的安排，也需要学生高度注意。根据美国高中常用的 Common Core，学生完成整整四年的英语学习，才能高中毕业。在 9 年级和 10 年级期间，学生主要专注于学习如何阅读，特别是批判性阅读技巧，以及一些写作技巧。在 11 年级期间，学生将继续发展他们的写作技巧，同时学习不同的文学体裁。在高年级，学生可以灵活地在多个选修课之间进行选择，比如世界文学、创意写作等。

而除了标准的课程学习外，学校一般还鼓励学生根据他们对英语的兴趣和热情，选择荣誉课程、高级课程、AP 或 IB 课程。常见的 2 个 AP 英语类课程是：AP 英语语言与写作（AP English Language and Composition）；AP 英语文学与写作（AP English Literature and Composition）。如果学生就读于提供 IB 课程的学校，可以选择参加 IB 文学课程，例如语言和文学以及文学和表演。

◆ 提升英文能力有妙招

美国大学生每周的阅读量为 500～800 页。如此大的阅读量，如果没有从小学到高中十几年的训练基础，完成起来会相当痛苦。要知道，五年级的美国小学生已经在一本一本地读大部头的小说。到了高中，学生的阅读范围更加大。学生不仅要读文学性强的小说，还要读很多科普作品，有些作品甚至非常高深。

在美国高中的教学大纲中，阅读和写作占有举足轻重的地位。专业的调研报告表明，11 年级的男生平均一年要阅读 25 万英文单词，而女生的阅读量更达到了 33 万英文单词。

多元的文化背景使得美国学生相当关注移民和少数族裔生活现状。大量的课内外阅读不但丰富了美国中学生的单词量，更丰富了他们看问题的视角。这将为大学阶段的独立研究性学习，做充分准备。

国际学生要想在美国高中阶段斩获亮眼成绩，要从更有效率的阅读及写作技巧入手。

在阅读方面，建议学生花时间阅读的书不仅仅是所喜欢的作家的作品，还包括其他作家的多样作品：从小说到非小说，从历史到政治、艺术和技术。知道如何更有效和聪明地阅读将有助于学生分析文学作品，并确定故事的基本基调、角色的意图和总体主题。

另一个帮助学生更有效阅读的好方法是多谈论读过的东西，并完成老师布置的写作作业。学生可以在课堂讨论期间与老师或同学交谈，创建有意义的对话。请记住，老师的问题往往没有错误的答案，目的是进行不同观点的讨论，相互学习。

在写作方面，学生可通过文学批评改善、提高写作能力。文学批评，是对文学作品的比较、分析、评价和解释。这对学生来说通常具有挑战性，因为这意味着学生必须确定支持/反对文本论点，并将它们总结在一起。学生可以遵循多种结构格式，以更好地组织语言和加强批评。最常见的结构是 DAIA：描述、分析、解释和评估。第一步是描述学生自己的论文目的，并提供批评文学作品的摘要。下一步是分析，通过分析文本的结构、语言、语气和主题，了解如何传达含义。接下来，学生必须解释和说明文本每一部分的意义或重要性。最后一步，是通过评估整个作品给出结论性意见，并将其整合在一起。

通过熟悉文学批评，学生能为大学的批判性阅读和写作、寻找资料来源和进行研究奠定基础。此外，由于优秀的作家可以深入他人的头脑和内心，因此有助于学生与他人产生共鸣并进行有效沟通。完成文学批评或其他写作作业，是在练习写作的同时将想法转化为文字的绝佳方式。

在强化阅读及写作能力后，学生能更好地申请自己的梦校，并适应美国大学的学习压力。美国大学经常设置阅读相关的留学文书题目，用以考查学生平时的读书兴趣以及由此反映出的人生态度。很多时候，学校往往还会更进一步让学生谈一谈自己得到的启发和对书中观点的评判：通过列出在过去一年里阅读的书目考查学生的求知欲（intellectual curiosity）和学术兴趣（intellectual interest）；让学生在诸多读物中选择一本展开，借此展现他的个性以及品位，以及相关的观点和理念。

考虑到这些因素在申请中起到至关重要的作用，申请者不应以过于随意的态度来回答这类文书题目。为了避免给申请减分，学生一定要重视提升自己的阅读和写作能力。

七、 在美国高中学习艺术课程

素质教育，早已经在全球各国都被高度重视。简单来说，素质教育是指在对学生进行教育的各个环节中，全面实施德育、智育、美育、体育等，注重培养学生的实践能力和创新精神，从而全面提高受教育者的素质。

美国的素质教育经过多年发展，形成了成熟的体系，覆盖小学到大学的不同阶段，帮助学生充分从素质教育体系中汲取营养。

素质教育中的关键一环，正是艺术课程。在美国高中，学生能够通过修读不同形式的艺术课程释放创造潜能。如何通过选择不同的艺术课程来发展艺术兴趣？继续往下看吧！

◆ 选择合适的艺术课程

在素质教育方面，美国教育体系涵盖唤醒教育、玩的教育、潜能开发、情商培养、德商教育、情感教育、能力教育、财商培养等几大方面。美国教育提倡“授人以渔不如授之以渔场”：相较于手把手地示范传授怎么捕鱼，教育者更重视创造一个宽广辽阔、有风有浪的渔场，让被教育者自己从实践中学会怎么捕鱼。学生在具有创造性的大环境中学习，更能结出饱满丰硕的果实。

要成为多才多艺且心理素质优秀、素质过硬的人才，自然少不了艺术的浸润。为了保证学生真正受到艺术的熏陶，培养和发掘学生的兴趣和特长，修读艺术课程成为重要一环。在美国高中选择课程时，学生一般需要修读一年的艺术课，这一要求也因高中而异。若参照 Common Core 则不包含艺术课程。

虽然艺术课程并不在标准之列，但这也给了学生极大的自由度。因此，学生可以根据自己的兴趣选择艺术课。选择合适的艺术课程，能让学生受益匪浅。

高中的艺术课程鼓励学生以表演者或艺术家的身份，参与从基础阶段到高级阶段的学习。学校通常设有艺术室或排练室，供学生学习和练习。一般提供的课程列表如下：

表 3－7 课程列表

课程	具体内容及相关说明
表演艺术（Performing Arts）	学生将可以探索与表演相关的艺术课程。在选择表演艺术课之前，学生应该与学校顾问联系，以了解哪些课程可选以及提前需要修的课程。
合唱（Choir）	合唱班是为学生设计的，旨在提高他们的自信心、听觉和音质。学生将学习各种音乐风格，并参与合奏表演。
（爵士/音乐会/进行曲）乐队/乐团［（Jazz/Concert/Marching）Band / Orchestra］	课程重点是小组表演艺术，学生将参加乐队并学习进行小组表演和协调。
舞蹈（Dance）	美国各地的高中一般都会开设舞蹈课，为学生提供体验舞蹈的机会。一般会有芭蕾舞、踢踏舞、嘻哈等可供选择。
音乐/音乐理论（Music / Music Theory）	与舞蹈类似，音乐课的范围覆盖初学到高级，课上可以参加试听音乐小组、表演小组；如果没有在该领域的先验知识/经验，可以参加基础音乐理论的学习。
戏剧（Theater）	在戏剧课上，学生将学习戏剧制作的各个方面，包括照明设计、布景制作、导演、剧本创作和表演。
视觉艺术（Visual Arts）	视觉艺术课对于有兴趣在大学学习艺术的学生来说至关重要，因为其将为未来申请所需要的艺术作品提供支持。学生还能够尝试视觉艺术中的不同媒介，找到自己的专业方向。
艺术史（Art History）	和实际制作艺术作品不同的一门基础艺术课，在本课程中，学生将学习和探索艺术概论，了解艺术在世界不同时期的发展。

可以申请大学学分的 AP 课程是：

AP 艺术与设计——包括三个不同的类别：AP 2-D 艺术与设计、AP 3-D 艺术与设计以及 AP 绘图。在每堂课中，学生将研究材料、过程和想法生成一个作品集。

AP 艺术史——探索从史前到现在的全球艺术史。

AP 音乐理论——学习识别、理解和描述音乐的基本素材和过程，最终演奏各种音乐。

此外，很多贵族私立高中的艺术社团有着自己的特色，比如木工社团、陶艺社团、雕塑社团。其中比较知名的如美国优质寄宿高中梳士巴利男子学校（Salisbury School）开设有木工课程，让学生学习从制作一件家具，一艘独木舟、帆船到一座房子，充分体验到手工制作的魅力。艾玛威拉德女子中学（Emma Willard School）则设有纺织课程，学校的纺织间里放满了纺织机。

◆ 对申请大学有帮助

很多学生会担心、忧虑，感觉自己没有“艺术细胞”。因此，在选择艺术课程时，往往不知道如何选择，还会害怕影响成绩，导致对申请大学造成影响。事实上，学生担心自己在艺术方面不擅长也没有关系，这些艺术课程对学生的水平没有过于严苛的要求。上课期间老师也是更重视学生学习到什么和有没有进步，并不会过于苛刻。

此外，很多艺术课程并不只是名称里的内容。比如说戏剧课不光是表演，学生也可以根据自己的兴趣爱好选择导演、编剧、灯光、音效、服装道具等不同内容进行学习。相信学生能在众多艺术社团和课程中，真正找到自己感兴趣的方向。

在申请大学方面，学习艺术课程有助于更好地选择合适的专业。尤其是对于那些想选择艺术专业的学生来说，艺术课程有非常大的裨益。学生时刻在艺术土壤中滋润心灵、陶冶性情，再通过艺术教师的专业指导，能够汲取艺术文化养分，全方位提升艺术技能，顺利拿到顶级院校的入场券。除了绘画、设计外，还有很多与艺术相关的专业都要求学生有一定的绘画功底，如建筑学。而且很多美国学校要求艺术专业的学生在申请的时候提供自己的portfolio，也就是作品集。从这一点来说，参加艺术类课程是很有帮助的。

更值得注意的是，对于国内一些家庭经济能力强，有艺术特长学生来说，还能进入美国艺术类高中强化自身实力，以有更大的机会获得成功。美国高中有许多专门着重于艺术训练培养的专业高中，能够帮助学生未来进入艺术学院或大学。比如成立于1926年的温彻顿中学的艺术课程，涵盖工作室艺术、数字艺术与电影制作、剧场、音乐等。通过艺术课程，温彻顿中学帮助学生培养坚强的品格，获取学习技能和策略，并建立自信心。

当然很多学生以后不会选择艺术专业，那么学习艺术课程、参加艺术社团有什么作用呢？还是长久不变的道理，美国大学都倾向于招收全面发展的人才，或者是在某些领域有独到见解和成就的学生。美国大学招生官十分重视学生的全面发展，丰富多彩的课外活动能够帮助申请者在一众学霸中突破重围、脱颖而出。

学好艺术课程后，学生能广泛探索和发掘自身潜能。而且加入艺术社团后，学生能拥有更多经过训练的优秀作品可以展出，这些都可为申请美国大学加分。值得一提的是，美国很多当地的艺术展会挑选高中生的艺术作品进行展览，这是能为学生的作品增加知名度的途径。面对潜在的种种机会和机遇，学生要抓住每一种可能性。

整体来看，艺术素质培养作为美国通识教育的重要组成部分，在发展学生想象力及学术创造力的同时，对学生健全人格塑造具有不可替代的价值。美国高中的艺术素质培养制度，在多个方面为学生的艺术素质培养创造了良好条件。

第二节　国际学校

一、国际学校的定义与分类

学校的重要性，毋庸置疑。身为一个载体，学校是指人类进行有目的、有组织和有计划地对受教育者进行系统教育活动的一个场所，其核心是教育者的思想和理念，其次是课程设置和教材的使用。

不同的学校，自然有其侧重点。其中，国际学校凭借自身突出的教育资源，在多元化的校园环境中，让学生未来有更多的可能性。也正是凭借这种特性，国际学校成为不少家长为孩子优先考虑的升学路径。

随着信息技术和科学经济发展，为了适应全球化和吸引外资，我国各地不断增设国际学校，通过引入不同国家的教育方法和体系，以开放、包容与博大的心态来接纳外来优秀文化成果，“海纳百川，有容乃大”，逐渐形成多元融合的新时代潮流文化。

中国地区的国际学校规模逐步扩大，对于国际学校行业来说，开拓不同或者更多类型的学校是一件好事，可以促进多元文化和教育交流。而且就目前来看，越来越多的家庭选择国际学校。面对未来国际学校走向“双轨”甚至“多轨”的趋势，学生将接受更加多元的教育。

◆ 国际学校的定义

从定义看，国际学校（international school）是指为外籍人员提供非本土教育的学校。其主要针对中等或者以下程度的教育，实施的是非东道国的教育学制和管理模式。当然，现在国际学校的定义在扩大，并非只是针对外籍人员，更多的是在教育模式层面与国内学校有着明显不同。

一开始，国际学校主要面向非本国公民的学生，如国际企业、国际组织、外国大使馆、非政府组织、外国使团或传教士项目员工的子女或受抚养人，旨在为外籍家庭的子女提供国际化教育，通过国际课程体系培养学生全球公民意识。后来在中国境内，慢慢地发展出一些同时接受本国学生的国际学校（部）。

2009 年，在意大利的一次国际会议上，国际学校图书馆协会（International Association of School Librarianship，ASL）提出了国际学校的标准定义，包括：

①学生接受的教育在国际学校之间是可转移的；

②国际学校的流动人口总量高于本地学校；

③学生群体是由多国和多语言群体构成的；

④学校采用国际教育体系的课程，如 IB、A-Level、AP 等体系的国际化课程。

⑤学校得到国际协会或组织认证［例如国际学校协会（CIS）、美国西部院校联盟（WASC）等］或者考试委员会授权认证［如 IBO、剑桥考试国际部（CAIE）、爱德思（Edexcel）、AQA 等］；

⑥教师群体来自多个国家，具有流动性；

⑦非选择性的学生招生与注册；

⑧通常以英语为教学语言或者中英双语教学。

然而，教育工作者之间对这个标准也存在分歧，认为教育课程中的国际历史、文化和视角等因素也将使学校成为“国际”。虽然学生的国籍起着重要作用，但教育的方式也同样重要。

国际学校显著的特征之一是它们遵循国际公认课程体系，包括英语系国家的课程（the English national curriculum）、全球性的课程，如 IB（International Baccalaureate）、IGCSs 和 IPC（International Primary Curriculum）等。这些课程让有可能在不同国际学校转移的学生更容易衔接到下一阶段的学习，或者回到母国接受教育和参加升学考试。由于工作或其他原因，外籍人员的人口流动性大，国际学校可以帮助外籍人员子女安顿下来，按照年龄分级进入学校接受教育，这样可以让孩子尽快适应新的环境。

另一方面，国际学校的教学质量也普遍得到全世界的认可。究其原因，离不开国际学校优秀的教学资源和完善的教育设施设备。其课外活动往往也非常出色，学生有更多的机会接触到更高水平的体育活动和表演艺术（戏剧和话剧等）。

◆ 国际学校的分类

随着中国改革开放和经济蓬勃发展，2000 年之后涌现大量的国际部（班），近年来也出现了不少的国际教育认证机构。

目前来说，从学校性质来分类，主要分成三大类：

第一类是外籍人员子女学校，只招收外籍人员，是为在中国境内合法设立的外国机构、外资企业或国际组织的驻华机构且拥有合法居留权的外国人员子女开办的学校，简称“为外籍人士开办的国际学校”，如北京德威英国国际学校、北京顺义国际学校、上海美国人学校、广州美国人国际学校等。这类学校的课程设置会融入当地文化，但不会作为主体；一律采取英语教学，以外籍教师教授为主体。

第二类是双语国际学校，招收外籍学生同时又具备接受本土学生入读资格的学校，中国境内的双语学校有诺德安达双语学校、广州亚加达国际预科、万科梅沙书院等。这类学校的课程设置基于本土国家课程标准，引入国际优质教学资源，部分课程使用英语教学；教师是中西结合，大部分还是以外籍教师教授课程为主。

第三类是公立学校开设的国际部（班），只招收中国学生，其课程设置是中西融合课程，学习目标按照中国教育部课纲要求设计，以国家课程为主，吸取和借鉴西方课堂教学模式和教学方法，辅修国际课程；或者以国际课程为框架，融入国家课程标准。这类学校与公办学校共享一个校园和设施设备，严格来说，这些国际部（班）不能算是国际学校，如北京师范大学附属实验中学国际部、华南师范大学附属中学国际部、深圳中学实验部、广外 AP&A-Level 国际部等。

很多人可能会认为外籍人员子女学校是国际教育行业中最优秀的存在，比普通的国际部（班）和国际教育认证机构的办学资质和教学质量好。但其实这些看法过于绝对的，教育没有好坏之分，只有适合一说。我们往往容易忽略的一点，能申请到好学校的关键，除了学术成绩还有学校背景。学校背景是基于历届申请成功的数量，所以以往公立学校的国际班在这一块略显弱势。

近年来，国际教育不断发展。除一线城市外，二三线城市的国际学校不断增多，其教育水平良好，成为了二三线城市家长的最优选择。在越来越多国际学校的支撑下，更多孩子能够在本地接受国际教育，走国际升学道路。

二、 国际学校的发展和优势

随着全球化和科技发展，特别是在 20 世纪初，“地球村”的出现缩小了时空距离，不同地域之间的人们交流也日益频繁。这种交流导致国际人口的流动性越来越大，跨国组织的家庭也越来越多，从而催生了国际教育的需求。

根据 ISC 研究数据，全球的国际学校数量从 2012 年 1 月的 8067 所上升至 2022 年 1 月的 12 853 所，其增长幅度为 60%；自 2012 年以来，全球就读于国际学校的学生人数也从 372 万增加到 573 万，国际学生就读率增长 54%；国际学校的员工数量则由 2012 年 1 月的 345 972 名增加到 2022 年 1 月的 557 723 名，其增幅达到 61%。

这十年来，国际学校蓬勃发展，全球各地家庭均越来越重视教育国际化，培养孩子的全球视野。国际教育不仅可以促进各国教育体系之间的交流和融合，传播国际上先进的思想和科学知识，更可以培养全球性通用人才和创新人才，避免单一教育的狭隘性、封闭性和隔离性。其中，国际学校在国际教育的蜕变、进化中起到至关重要的作用。

◆ 国际学校发展

中国第一所国际学校，是1912年成立的上海美国学校（SAS）。但由于第二次世界大战的蔓延，上海美国学校随之停学，直至1980年才再次开放。目前中国流传的最早出现的广泛意义上的国际学校，是北京的巴基斯坦使馆学校，诞生于1969年。

国际学校的井喷现象从2010年开始，在十年间数量增长了2倍，达到了初始数量的三倍。据不完全统计，国内国际教育的集团数量超100个，其中与国际学校、双语学校、外籍人员子女学校相关业务的跨区域发展的国际教育集团数量为30个左右，占国内国际化特色学校的市场份额约30%。全球知名的诺德安达、惠灵顿、哈罗、贝赛思等国际教育集团相继在中国办学，并形成了较好的品牌知名度。

据《国际学校行业发展概况及未来发展趋势分析》报告显示，日益激烈的教育竞争以及家长对子女教育的焦虑，驱使家长希望子女能够在国际教育方面取得先发优势。随着教育需求的增长和消费升级，国际学校的整体市场规模将持续扩大。

同时，中高收入家庭快速增长的财富，以及国人对进入国际知名大学的渴望，都从不同角度助推了国际学校市场的火爆。而相关法规的修订将带动民办国际学校、双轨制学校和双语学校等国际教育市场快速发展，也为语言培训、游学、出国服务等创造了巨大的市场需求。

需求端市场的不断增长，促使新进入者和现有学校经营者的扩张与增长。可以预见的是，短期内供求不匹配的现象难以扭转，重点招收本地学生的国际学校还将出现快速增长。

根据新学说统计，截至2021年，中国大陆地区获认证的国际学校总数为932所。其中，外籍人员子女学校共130所，占比14%；民办国际学校559所，占比60%；公立学校国际部（班）243所，占比26%；新增获认证国际学校25所，增幅为2.76%。国际学校在中国正式告别野蛮生长，逐渐向规范化发展，推动形成良好的教育生态。

◆ 国际学校优势

国际学校的优势之一，在于不受学区限制。为了让孩子能够就读名校、不输在起跑线上，有一些具有一定经济实力的家长纷纷选择购买学区房，而这也助推了学区房价格的上涨。购买动辄几百万、几千万的“老破小”学区房只为换来重点学校的入学名额。实际上，通往优质教育不只有进入对应学区这一条路，近年来发展迅猛的国际学校成为了越来越多家庭的选择。

而从硬性条件来说，就读国际学校的学生，申请国外名校更有优势。因为国际学校凭借多重优势，可以提升学生在个人成绩、语言能力、综合素质等方面竞争力，帮助学生在留学申请时取得优势。美国本科院校主要以通过校内 GPA（美式中学为主）、标准化成绩（托福、SAT/ACT、AP 考试）、综合素质（课外活动、推荐信、个人文书）、面试情况等多个维度来综合选拔学生。

首先，在中国开设的国际学校，都会定期接受国际课程机构的审查。

其次，国际学校学生整体在留学语言考试上分数更高。尤其在国际语言考试中，国际学校学生在听力和口语部分优势明显，主要得益于国际学校大量外教授课所营造的英文环境。另外，国际学校会布置学生精读原版的英文小说，锻炼其批判性的思维，帮助学生在国际语言考试最难的阅读部分取得高分。

最后，国际学校的课外活动有助于学生写出打动招生官的申请文书。学生申请美国大学时所填的课外活动数量不多会导致同质化严重，很难打动招生官。而国际学校一般会在每天下午 3 点到 6 点间专门开设丰富多彩的课外活动课，学生可以根据自己的兴趣深度钻研，取得成果，还可以通过组织活动锻炼领导力。当学生将自己真正的感悟融入文书写作，并展现出自己的特质后，招生官往往会眼前一亮。

从未来升学角度看，学生也更容易适应国外大学的学习方式。一些孩子能够在雅思、托福、SAT 考试中取得高分，获得国外大学的录取，但是当他们进入国外大学后，会因为不适应国外大学的学习方式而感到困惑。

然而，国际学校毕业的学生在学校所接受的教育模式基本上和国外大学是一样的。以国外大学教授组织的课堂讨论为例，有的孩子刚到国外大学上课时一般很少会主动表达自己的观点，主要原因是许多课堂通常以老师讲解为主；而在国际高中读书的学生在国外大学会表现得更加积极主动，因为在国际学校读书时，很多外教就是采用讨论式教学，学生和外教们互动非常频繁，有助于其养成表达自己观点的习惯，到了国外大学读书时可以做到“无缝衔接”。许多国际学校的校长在提到他们学校的办学理念时，都会讲到他们不仅希望能够让学生考上国外的名校，还要帮助他们在国际学校练就必备的能力，进而在未来能够顺利地从国外大学毕业。

从软性条件来说，国际学校为学生提供国际化、多元化的教育，让来自不同社区的学生有机会接触到真正的国际化教育，结识不同文化和背景的同学，且不会受到语言障碍的阻挡。通过与具有不同背景的同龄人和教师互动，学生将开始重视每个人的独特故事，并在学校和未来的生活中培养独立自主的能力。了解和欣赏全球文化和观点的多样性，有助于学生成为富有同情心、开放的全球公民。

从未来生活和事业发展来说，通过国际教育，学生可以建立一个由同学们和校友们组织起来的全球人脉网络。无论在课堂内外，国际教育体验使学生有机会与整个学校社区和其他地方建立友谊并建立持久的关系，且影响未来的人脉网络。人脉网络越广，学生接触优秀职业和社会机会的可能性就越大。

三、AP 课程简介

在国际学校所教授的三大课程中，AP 课程始终备受关注。作为国际学校的一大主流课程，AP 课程是美国大学先修课程，可以使高中学生提前接触大学课程。目前，已有 40 多个国家的近 3600 所大学承认 AP 学分为入学参考标准，并增添大学学分。AP 考试成绩已成为众多大学录取考虑因素中，最为重要的依据之一。

AP 课程（Advanced Placement），全称是美国大学预修课程，是由美国大学理事会（The College Board）为未来在美国计划就读本科的高中生提供大学水平的课程和考试，在全世界范围内（包括美国本土）均可授课。学生结束 AP 课程之后，可以自由选择是否参加 AP 考试。如参加考试并获得高分，可以申请换取与之相对应的大学课程学分。

◆ AP 发展历史

二战结束后，福特基金会创立 AP 项目并在 1952 年发布《学校和学院的普通教育：委员会报告》。该报告建议允许高中阶段的高年级学生学习大学水平的课程，并参加成绩考试，使他们能够提前获得大学学分。同年第一个试点项目开始实施，直到 1955—1956 学年，AP 项目在全美范围内已设立 10 个科目：数学、物理、化学、生物学、英语、历史、法语、德语、西班牙语和拉丁语，这标志着 AP 项目越来越完善。

在 1955 年，AP 项目正式由 College Board 美国大学董事会运营管理，并一直延续到现在。其间 AP 项目经历多次课程改革和制度变革，美国大学董事会不断更新与完善各个学科领域的高级课程的教学指南和考卷，另外还将 AP 考试所得资金用作项目的师资培训和运营推广。

◆ AP 课程设置

AP 课程并非独立的一套高中课程体系，而是美式高中课程体系的一种补充。美式高中的课程一般分为普通课程、荣誉课程和 AP 课程。AP 课程是三者中最高级别的课程，难度也是最大的。AP 课程一共有 38 门科目，分为 AP 顶石文凭项目、数学和计算机科学组、科学组、英语组、世界语言和文化组、历史和社会科学六大组。国内可参加学习和考试的 AP 科目仅有 19 门，而且各个美式高中开设的 AP 课程不尽相同。

首先，AP 课程没有固定的教材，无论是校内还是校外机构/组织只能根据美国大学理事会官方提供的每个 AP 课程科目的考纲和真题进行

AP课程设计，自主选择辅助教材。市面上的AP课程教材五花八门，有的是大学教授联合出版社合作出版的，有的是教育集团自主研发的。目前，国内主流的辅助教材供应商有巴郎、培生、5 Steps to A、Campbell、普林斯顿和卡普兰等。

AP课程教学资料的自主选择，另一方面也反映了对AP课程教师专业度是有着严格要求的。这不仅需要教师对所教授AP课程科目的基本知识了如指掌，还要对该科目的专业领域最新情况有所了解。另外，美国大学理事会每年均会发布该年度AP课程各科的考试大纲。考试大纲会列明课程的主要学习目标，所以老师们需要及时关注AP官方的信息。

在所有的AP课程科目中，值得注意的是AP顶石文凭项目。它包含AP研讨课程和AP研究课程，为期2年，要求学生先参加AP研讨课程，才能继续参加AP研究课程。另外，不是所有的美式高中学校都提供这两门科目。

早期AP课程体系的学生参加AP课程的考试，只能获得每门独立科目的考试成绩。这并不像IB－DP体系或者A-Level体系有自己独立的相对应科目的毕业文凭，因此学生在申请大学的时候，仍需要学校另外提供高中阶段的毕业证明。直到2014年秋季，美国大学理事会推出自己的文凭课程AP Capstone（即AP顶石文凭项目）。这意味着在家学习的学子或者非校内学子，不需要通过学校获得高中毕业证明就可以独立申请大学。

目前AP顶石文凭项目还在推广和试运行阶段，约300所美国学校，15所加拿大学校和30所其他国际学校参与此计划。国内只能参加AP研讨课程，而且必须在获得AP官网授权的学校进行学习与参加考试。该项目需要学生参加一定数量的AP课程之后并达到相关要求，才能获得AP顶石高级文凭。

学生在选择AP课程时，可从以下几个维度考虑：自身兴趣特长、未来可能的专业方向、文理搭配、适当挑选有难度的大学过渡科目、选择换学分高的科目。

◆ AP 考试方式

AP 体系允许任何学生参加任何的 AP 考试，无论学生是否上过相关 AP 课程。这对于在家接受教育的学生或者不提供 AP 课程的学校的学生而言，他们也有平等的机会参加 AP 考试、获得高分以得到心仪大学的青睐或者换取大学课程学分。AP 考试每年只有一次考试机会，每年 10—11 月前报名，次年的 5 月第一个星期一开考，持续十个上学日（两周），然后 7 月出成绩。

值得注意的是，如何选择 AP 考试也是很关键的。在 AP 科目中，某些学科设置与国内有所不同。我们常说的数学这一门，在 AP 数学学科中分为：AP 微积分 AB、AP 微积分 BC、AP 统计学三门科目；AP 物理这一科目分为：AP 物理 1、AP 物理 2、AP 物理 C 力学、AP 物理电磁学四门科目；AP 经济分为微观经济和宏观经济两门科目；AP 计算机科学分为 AP 计算机 A 和 AP 计算机 P（即计算机原理，该科目仅限在授权的学校正式修学的学生参加考试）。

建议同学们在开始探索自己的美式高中学习之旅前，做好相关 AP 课程的调查与研究。有针对性的策略，才能更好地为将来申请大学做好铺垫。

AP 考试总分 5 分，5 = 非常优秀，4 = 很好，3 = 合格，2 = 勉强合格，1 = 不合格。一般来说 3 分以上的成绩才会被大多数的大学所接受，并且在今后上大学时折抵多至一学年的大学学分。少数顶尖大学如哈佛大学等，要求 4 分或 5 分才能折抵大学学分；而特别顶尖的大学或者特别顶尖的专业，是不允许学生跳过任何一门 introduction course 的，这类学校代表包括 MIT。

中国学生常考的 AP 科目包括但不限于 AP 微积分 AB/BC、AP 统计、AP 宏观经济、AP 微观经济、物理 C 力学、AP 计算机科学 A、AP 化学，这类学科的得分率较高。另外，AP 心理学近几年在国内也慢慢火起来，受到中国考生的关注和追捧。

◆ AP 申请优势

AP 课程是美式高中的学子必修课，一方面可以增加 GPA 成绩。GPA 是整个高中段学生综合学习能力的体现，但是对于分值加权计算，各个学校都有自己的计算方式。值得注意的是，GPA 恰恰是美国一流大学录取学生时的第一考虑要素。

另一方面，AP 课程可以折抵大学学分，减免大学课程，帮助学生缩短大学学时、跳级，提前获得本科学士学位，对于经济困难的学生而言更可节省高昂的大学学费。

更重要的是，据不完全统计，拥有优异 AP 考试成绩的高中生在大学阶段更容易进入繁重的课业学习中，而且普遍有着出色的表现和发展。所以美国各大学已将 AP 成绩看作衡量学生学习和研究能力以及应付高难度大学课程能力的重要指标。

参加 AP 考试科目多、考分高的学生，往往会被美国名校另眼相看。同时，英国、加拿大、澳大利亚等国也将此作为发放奖学金的主要条件之一。

四、 IB 课程简介

近年来，IB 课程（International Baccalaureate，中文全称为国际预科证书课程）成为了学生中非常热门的国际课程。IB 常被称为“最难的国际高中体系之一”，但它其实并不只有高中，而是一个完整的从幼儿园到高中毕业的国际课程体系，涵盖 3 ～18 岁学生的教育，可以说是“IB 陪伴你成长”。

最初 IB 课程是为那些跨国生活和学习的学生而创建的，其目的是让他们可以在异国接受全球统一的教育体系和课程。这样即使回到家乡或者中途去到另一个国家生活和学习时，IB 体系的学生都可以顺利衔接到当地的 IB 学校继续学习。

IB 课程范围包括小学一至五年级（PYP）、初中六至十年级（MYP）

和高中十一至十二年级（DP）三个不同学习阶段，最后一个阶段的 IB-DP 课程为进入本科教育提供了国际公认的资格，即 IBDP 文凭，该文凭并得到了全球许多大学的认可。

如今我们常常听到的 IB 课程，其实大多时候指的是高中 IBDP（国际文凭项目）。IBDP（International Baccalaureate Diploma Programme）预科课程是一个为期两年的教育计划，由 IBO 国际组织统一管理和运营，以保持学术水平的统一。

就读 IBDP 课程的学生必须在学校内进行学习并参加校内外评估以获得 IB 文凭，不可以通过在家学习或者在教育机构参加培训补习获得 IB 文凭。而为了提供 IB 文凭，学校必须通过 IBO 组织授权认证成为一所 IB 学校。

◆ IB 课程发展历史

IB 课程是由一群国际教育工作者于 20 世纪 60 年代初到中期在瑞士日内瓦开发的。继 1945 年的国际会议要求日内瓦创建一个国际学校的计划之后，1962 年 Robert Leach 在日内瓦组织了一次会议并提出“International Baccalaureate”一词。直至 1968 年，IB 总部在日内瓦正式成立，同年 12 个国家的 12 所学校加入 IBDP 课程，包括大西洋学院（UWC）和纽约联合国国际学校（UNIS）。IBDP 成为 IBO 提供的第一个课程，面向 16～19 岁的学生。

IBDP 课程在初创的六年内，学生人数有限，每所 IB 学校都要接受相关组织的监督和检查，而且还要得到政府的批准。从一开始，IBDP 的所有科目都有英语和法语，所有的学生都必须同时参加第一语言和第二语言课程。最终在 1975 年结束为期六年的试点计划后，IB 课程不仅有自己的教学大纲和官方评估方案，还建立双语文凭。1980 年，IBO 在新加坡主办了一次研讨会，正式将亚洲文化和教育纳入 IB 课程。

◆ IB 课程优势

IB 课程不以世界上任何一个国家的课程体系为基础而自成体系，广泛吸收了当代许多发达国家主流课程体系的优点，涵盖了其主要的核心内容。它的体系既具有与世界各国主流教育课程体系之间的兼容性，又有自己教育理念发展下的独特性。

由于 IB 课程以外籍教师教授为主，教学语言以英语、法语和西班牙语其中一种为主。全英的环境学习和生活能让学生的英语更加熟练和地道，对于各国文化差异的理解更加深刻，有助于发展多元化和适应性。在未来全球化日益强化的社会，IB 学子的职业选择和发展选择更为明确、语言和文化的理解优势更加突出。

另一方面，IB 课程的教育哲学是 Education for Life（终生的教育），其教育理念是全人教育。因其独特的成绩考核方式，IB 学子不是以“分数”为主的“学习机器人”，而是拥有自身的独立思考和判断选择能力，更具有独立人格和批判性思维能力。IB 课程通过丰富的课外活动设计鼓励学生去体验生活，帮助学校培养学生的全球公民意识，鼓励学生去探索更多未知的世界。

总的来说，IB 课程因其具有较高水平和挑战性，被全球教育界广泛认可。目前，全世界已有四千多所大学认可 IB 国际文凭，遍布十几个国家，具有极高的承认度。

◆ IBDP 课程设置

IBDP 课程设置包含三大核心课程和六组基础学科，学生既要学习科学科目，又要学习人文科目。所有参加 IBDP 课程的学生，在这六组基础学科中选一门课程进行学习。如果学生在第六组的艺术没有可选的，也可以从第一至五组中选一门作为替代科目。每个 IB 学校提供的 IBDP 课程不完全相同，也不一定提供 IBO 批准的所有科目。所以，我们必须提前了解清楚即将入读的学校 IBDP 阶段具体的课程设置。

三大核心课程包括知识论文（TOK）、扩展论文（EE）以及创造力、活动与服务（CAS），旨在让学生反思知识的性质，完成独立研究并开展一个通常涉及社区服务的项目。

知识论文（Theory of Knowledge ，简称 TOK）旨在让学生意识到知识的解释性，批判性地反思不同的认知方式和知识领域，考虑知识在自己的文化、他国文化和更广泛的世界文化中起到的作用和性质；拓展论文（The Extended Essay，简称EE）要求学生选择一项议题，就该议题进行探讨、独立拟定研究题目以及论文内容，最终以一篇自定题目的论文作为产出；创造、行动与服务（Creativity，Action，Service，简称CAS）鼓励学生至少花150个小时参与团体活动，包括戏剧、音乐、体育及社区服务，诸如到社区、敬老院、幼儿园去当志愿者、进行才艺表演或者传授一技之长等。

另外，IBDP六组基础学科下又细分不同的科目（表3－8）。每个科目又分为标准水平（Standard Level，SL）或高标准水平（High Level，HL）或两者兼之，IBDP课程要求学生修读不少于3个高标准水平的科目。

表3－8　IBDP课程设置

第一组	语言和文学（通常是学生的母语），分为语言A文学（SL/HL）、语言A文学与语言（SL/HL）、文学和表演（SL）
第二组	语言习得，分为语言初学者AB（SL）、语言B（SL和HL）、古典语言
第三组	个人和社会，分为商业（SL/HL）、经济（SL/HL）、地理（SL/HL）、全球政治（SL/HL）、历史（SL/HL）、IT信息技术（SL/HL）、哲学（SL/HL）、心理学（SL/HL）、社会与文化人类学（SL/HL）、世界宗教（SL）
第四组	科学，分为生物学（SL/HL）、化学（SL/HL）、物理（SL/HL）、设计技术（SL/HL）、环境系统（SL/HL）、体育和健康科学（SL/HL）
第五组	数学，分为分析和方法AA（SL/HL）、应用和解释AI（SL/HL）（学生只能二选一，数学组从2019年8月开始进行课程改革，2021年5月进行首次评估测试）
第六组	艺术/选修课（学生可以从第二、第三或第四组中选修额外的科目，而不是艺术）。艺术包括舞蹈（SL/HL）、电影（SL）、音乐（SL/HL）、戏剧（SL/HL）和视觉艺术（SL/HL）

注：经过IBO批准，学校可以根据自己的需求和教学资源设计出新的课程和教学大纲。但仅限于标准水平级别的学习，如跨学科科目：环境系统和社会、文学和表演。

◆ IBDP 课程考核方式

想要获得 IBDP 国际文凭的学生至少要在六组基础学科中选择 3 门 SL 和 3 门 HL，每门学科课程得分 7 分，六门学科加起来总分 42 分。加上拓展论文和知识论文的 3 分，最终一个完整的 IBDP 国际文凭课程满分为 45 分。学生想要获得 IB 证书的合格分数是 24 分或以上，通常 38 分以上为高分。

IBDP 课程中的学科科目，使用内部和外部评估。内部评估因学生选择的主题而异：可能有口头陈述、实际工作或书面工作。在大多数情况下，这些最初由课堂老师进行评估，如科学组的某一门科目生物，该科目的任课教师根据学生的平时表现、作业、单元测试、期中考试、实验技能和实验报告和科学组的综合项目等各方面进行综合评分，然后由指定的外部协调员核实或修改成绩。

外部评估是指在 DP 结束时，学校会通过校外评估来测评学生的能力，即我们通常说的毕业统考。毕业统考分南半球和北半球，中国学生基本是参加北半球 5 月份的毕业考（南半球国家主要在 11 月份统考），考试形式是笔考。例如生物包含 SL（P1/P2/P3）和 HL（P1/P2/P3），总共 6 张考卷。另外加上内部评的 SL 和 HL，最终得出 IB 生物这一门学科的总分。

TOK 核心课程的考核方式是通过 10 分钟口头陈述和 1600 字的论文进行评估，学生要从 IB 发布的六篇论文标题中选一个。每次考试时，主题都会发生变化。学生还要参加演讲，可以单独进行或者最多三人一组进行演讲。EE 论文由校外的 IBO 考官根据统一标准评阅打分。通过综合评估 EE 和 TOK 的两次得分，得出最终的成绩。

CAS 课程虽然不参与评分，但也是 IBDP 课程中不可或缺的一个元素。因为每项活动都由一名活动负责人监控与指导，并记录和评价学生的活动。另外 IB 学生还必须有 CAS 活动日记，记录自己的感想与启迪。在这样的情况下，多多少少也会影响校内评估的分数。

五、 A-Level 课程简介

不同的国际课程，自有其不同的优势所在。相比 AP 及 IB 等体系的课程，A-Level（General Certificate of Education Advanced Level，普通教育文凭高级程度）课程的优势在于选课更有针对性。而从本质看，A-Level 课程是英国高中课程，也是英国全民课程体系。因此，要想对 A-Level 课程有更为深入的了解，得从英国教育体系的具体特性说起。

位于欧洲西部的英国，由大不列颠岛（包括英格兰、苏格兰、威尔士）、爱尔兰岛东北部和一些小岛组成，其教育体系根据地区划分为三大体制。包括英格兰及威尔士、北爱尔兰和苏格兰，其中苏格兰教育体制自成一体。以下是它们之间的主要不同点：

1. 学年组分布的不同

英格兰和威尔士两地学校分级不同年龄段有不同的名称，以英格兰为代表，4～5 岁是 Key Stage1（Reception Class 学前班进阶版），5 岁开始上 Year1，6～7 岁是 Year 2，7～8 岁是 Key Stage 2（Year 3），11～12 岁是 Key Stage 3（Year 7），14～15 岁是 Key Stage 4（Year 10），之后是 Year 12～13（即 A-Level 阶段）。威尔士则是每个阶段提前一年，如 Key Stage 1 是 Year 1，Key Stage 4 是 Year 9，之后是 Year 13～14（即 A-Level 阶段），而苏格兰只有初等年级（Primary）和中等年级（Secondary），5～12 岁上的是 P1－P7，12～17 岁上的是 S1－S6（其中 S5－S6 相当于国内的高二和高三）；

2. 课程的不同

“国家课程”仅指英格兰和威尔士两地，北爱尔兰是常规课程，苏格兰针对 5～14 岁孩子的课程设置与“国家课程”体系最接近。

3. 测评阶段不同

“Key Stage”这一名称仅限于英格兰、威尔士和北爱尔兰。

4. 学年开始时间不同

苏格兰的学年设置在每年的 8 月中到下一年的 6 月，北爱尔兰是每年的 9 月初到下一年的 6 月。

5. 考试制度不同

多种考试制度仅限于英格兰、威尔士和北爱尔兰；苏格兰有自己的一套考试体制。

通过上面我们可以了解到英国教育体系还是以 A-Level 体系为主体。英国教育体系和中国的还是有很大的不同，一般情况下，我们可以理解 A-Level 阶段相当于我们中国的高中阶段，国内家长和学生称之为“洋高考”。A-Level 考试是在学习阶段逐步进行考核，可以多次重考（若申请顶尖大学不推荐重考），最终以结算最高的成绩证书去申请全球大学。

◆ A-Level 发展历史

A-Level 是将来进入英国大学的教育凭证，证明申请者有能力接受大学教育，以获得大学学士学位。1951 年，A-Level 课程在英格兰和威尔士全面推进，随后一些英联邦国家也按照 A-Level 课程慢慢发展国家本土教育体制。新加坡的 A-Level 被认为比英国 A-Level 更具挑战性，所以大多数海外大学对新加坡 A-Level 的录取成绩采取降低要求的举措。

A-Level 考试分为英国本土版 A-Level（简称 GCE）和国际版 A-Level（简称 IAL），由英国地方考试委员会或者教育机构/组织管理运营，我们称之为考试局。英国本土一共有六大考试局，它们均在英国考试监管机构（Ofqual）的监管下，并驾齐驱，规范旗下各类考试服务和规章制度，以维护考试的公平公正。

A-Level 考试其实类似于我们国家的各省中考以及某些省的高考自主命题考试，各自有考纲、教材、课程设置、考试时间和考试内容的难易程度，但成绩均被英国国内外大学认可。其中，面向非英国本土学生的考试局有牛津 AQA（AQA 与牛津大学合作）和 Edexcel IAL（培生集团旗下）。另外还有一个专为英国本土之外考生提供资格考试和证书服务的考试局，叫 CAIE（曾用名 CIE，2017 年 11 月正式改名 CAIE），由剑桥大学国际考评局运营与管理，所以又称剑桥 CAIE 考试局。

最早进入中国的考试局是 2001 年的剑桥 CAIE 考试局，然后是 2013 年 Edexcel IAL（爱德思 IAL），接着是牛津 AQA 在 2017 年进入中国大陆、2019 年进行首考。在中国开设 A-Level 课程旨在为中国学生提供进入国外大学的有效途径，具体目标为：培养在国内初高中成绩优秀的学生进入世界顶尖大学；培养在国内初高中成绩中等的学生进入世界一流大学；培养在国内初高中成绩一般的学生考取适合自己的大学。相信未来会有越来越多的国际教育体系进入中国，互相学习与促进，实现共同发展。

◆ A-Level 课程设置

A-Level 课程分为两年，第一年是 AS 水准（类似于国内的高二），第二年是 A2/AL 水准（类似于国内的高三）。一般校内会建议学生在 AS 阶段选择 3 ～4 门或更多的课程来参加考试，通过考试获得 AS 证书；再在 A2 阶段选择其中成绩最好的 3 ～4 门学科继续学习，为最终的大考冲刺，获得 A-Level 证书。这种灵活的机制意味着学校可以设立因材施教的课程，而学生可以选择专门研习某一科目或学习多种不同科目。

A-Level 课程包含 70 多门学科供学生选择，但学生只需要选择 3 ～4 门学科并参加大考，达到大学的入学要求就可以直接就读大一。一般会开设文学、多语言学科、数学、物理、化学、生物、商务、经济、计算机、法律、媒体、音乐等；但在国内限于师资紧缺和市场需求，开设的学科多数是数学、进阶数学（或称高等数学）、物理、化学、生物、计算机科学、会计、商业学、经济、心理学、社会学等主流学科。

国内每个考试局开设的课程数量会略有不同：剑桥 CAIE 提供 55 门科目供选择，爱德思 IAL 提供 21 门科目，而牛津 AQA 提供可选择的科目数量是最少的，仅 8 个科目和 1 个研究项目（IPQ）。

此外，相比于课程系统性非常强的 IB，A-Level 在选课上灵活很多。

学生可以根据自己未来的学术规划和职业方向，选择适合自己的 3 ～4 门科目进行学习，这对于偏科的学生来说是非常友好的。而且，A-Level 没有 IB 的 EE 等课后论文的要求，学生可以更加专注于自己感兴趣的方向。

◆ A-Level 考试方式

A-Level 考试由所属的考试局在全球统一组织考试和统一命题，考前将试卷统一寄送到各个授权学校或中心，由他们严密保护。每一场考试结束后，各个授权学校或中心将考卷在规定的时间内寄回英国指定地，由所属的英国国家考试局选派专家在英国当地统一阅卷。

国际版 A-Level 考试每年有 2 ～3 次参加考试的机会，其中剑桥 CAIE 有 2 次，分别在 5—6 月份和 10—11 月份。5—6 月份为正常考试，10—11 月份为补考，一般补考难度略高于正常考试。爱德思 IAL 有 3 次，分别在 1 月、5—6 月和 10—11 月，难度一般没有区分。牛津 AQA 有 2 次，分别在 1 月和 5—6 月。这三个考试局出成绩的时间分别在 1 月中旬、3 月初和 8 月中旬。

A-Level 考试的成绩等级分为 A 星、A、B、C、D、E、U 这 7 个等级，A 星最优且只有 A2 阶段考试结束之后才有，E 为通过，U 为不及格。如果学生对某门课的成绩不满意，可以选择重考，最终成绩以最好的一次为准。

每个考试局的考核形式略有不同，以下我们主要讨论国内两大主流考试局的不同。剑桥 CAIE 每次报考必须以 AS/A2 的组合卷形式，如物理一共要考 5 张卷子，AS 阶段三张（P1、P2、P3）和 A2 阶段两张（P4、P5）。考生报考的时候必须选择 P1 – P3 组合或者 P4 – P5 组合，并在 13 个月有效期内考完 A-Level 并结算成绩。

爱德思 IAL 又是一套完全不同的操作，每次报考以模块形式，每个科目模块可以分开参加考试，再结算成 AS/A2 成绩，以最近 3 场考试最好的一次结算成最佳的 A-Level 成绩。如爱德思物理一共有 6 张试卷，

AS 阶段三张（U1、U2、U3）和 A2 阶段三张（U4、U5、U6），学生报考时可以选择只报 1 门（U1）或者 2 门（U1、U2），U3 可以下次再和 U4 一起报考，考试和结算成绩没有时间限制。

总的来说，国内剑桥 CAIE 和爱德思 IAL 两大考试局 5—6 月份的考试参考人数都比较多，牛津 AQA 在国内是最年轻的考试局。

◆ A-Level 申请优势

在 A-Level 体系学习的国际学生，一般只需要提供 3 门学科成绩和语言成绩（以雅思为主）就可以申请全球大学，A-Level 证书得到全球多数大学承认。但是每年的学校录取政策都有所微调，还需以每年学校官方公布的录取要求为准。

另一方面，A-Level 的考试制度灵活，考生可以选择在校外参加 A-Level 考试，例如英国大使馆可以提供剑桥 CAIE、爱德思 IAL 和牛津 AQA 三个考试局各个学科的考试，考试通过之后获得证书与校内一致。从学校毕业之后，学生若不满意自己的成绩或者录取的大学，可以选择重考，延迟一年重新申请梦校。

值得一提的是，A-Level 成绩在美国的认可度是很高的。美国有超过 450 所高校接受 CAIE A-Level 成绩，包括我们熟知的常春藤大学。而且据 CAIE 官网表示，由于 A-Level 的课程强度大、难度高，很受美国招生官的青睐。

当然，某些院校可能会从高一起就对选课有要求。比如斯坦福大学以往通过 A-Level 录取的学生，都有至少三门的选课。

基于英国院校对学术性的偏好，A-Level 课程体系下的学生往往专注于各种刷题式竞赛。所以 A-Level 课程体系下的学生在申请美国院校时还要着重补充大量的人文社科活动。针对不同学校的要求，学生需要提前知悉。

第三节　国内学校

一、 国内学校学生如何规划进入美国名校

国际教育意味着国际的平台和视野。随着我国经济的迅猛发展，很多家庭也在为孩子策划留学。申请去美国大学留学，犹如国内的高考，在激烈的竞争之下呈现千军万马过独木桥之势。然而，不同的赛道的独木桥上的大军有着各自的“绝技”。进入美国大学的三大赛道，我们已经分别介绍了美国高中及国际学校这两条。

而对于不少学生来说，并没有实现低龄阶段留学，或从小进入国际学校学习。很多学生一直在国内的公立学校学习。而在某一个时间节点，一些学生萌发了去美国留学的想法。

不过在这时学生和家长也会有一些疑问：与低龄留学、从小进入国际学校的学生相比，在国内公立学校上学的学生是否处于劣势，不容易申请美国知名大学？面对这样的疑问，学生和家长要放宽心。只要有合理、科学的规划，国内公立学校的学生同样有机会进入美国名校！

◆ 聚焦自身优势

从近几年的申请结果看，在国际学校就读的学生确实有很多申请到藤校。不可否认的是，在国内公立学校就读的学生，申请美国大学的过程中会遇到很多挑战。针对这一点，学生和家长都要有充足的心理准备。

相较于低龄留学和在国际学校就读的学生，在国内公立学校学习的学生，有着不一样的起跑线。但在正视不同的起跑线的同时，学生如果能提前规划、充分准备、合理评估自己的实力、扬长避短，进入到美国

大学乃至名校留学的机会还是很大的。其中重要的一点是，学生要聚焦自身的优势。

学生要明确的一点是，无论是就读国内的公立学校，还是就读国际学校，到了高三申请美国大学时，都会面对同样的条件：提供 GPA、托福、SAT 等成绩，以及提供特殊奖项和课外活动表现、推荐信等。既然要面对同样的申请条件，学生需要做的就是努力达到这些条件，并凸显出个人优势。

在众多优势中，学生要高度重视自身在数理化方面的学术优势。必须承认的是，就读国内公立学校的学生，在数学等理科方面学得更为深入。如果能够在一些国际竞赛中取得较好成绩，对申请以理科著称的美国大学有很好的加分作用。

比如英特尔国际科学与工程大奖赛、西门子数学科技大赛等科技类竞赛，都是高难度且具有含金量的比赛。假如学生能够在这些比赛中斩获亮眼成绩，对于自身冲刺顶尖美国大学有很强的助力作用。而且从过往经验看，就读国内公立学校的学生在进入美国大学后具有很大的学术潜力和爆发力。

而实力还不足以在国际比赛中获得好成绩的学生可以充分展现自身在跨学科学术方面的优势。比如科学、科技、工程、艺术和数学的综合应用能力，在 STEM 或者 STEAM 领域开展深度的研究，包括创客、机器人、工程、计算机、工业设计、建筑设计等方面。

就读国内公立学校的学生还有一个不可忽视的优势，在于有着较强的逻辑能力。在面试和文书创作的过程中，这些学生也非常容易掌握核心要点，更能够明白老师建议的方向，并有逻辑地体现在面试和文书创作过程中。

要看到的是，就读国内公立学校的学生也有一些劣势。比如在英语方面，公立学校学生可能由于平时缺乏足够的练习，口语和写作质量普遍偏低，面试效果差。

在口语方面，大部分就读国内公立学校的学生英语口语与母语水平有一定差距，然而英语口语是高质量面试的基础，所以光是能够听清面试官的问题，并且做出相对应的回答是不行的。回答的内容、语音语调和句式的复杂性等，都是面试中的重要考察因素。

在阅读方面，由于英文原版图书阅读量不够，欠缺阅读英文原版图书兴趣，会导致学生的阅读和用英文表达自己深度思维的能力欠缺。

在写作方面，因为阅读量少，有的学生的英文写作是套用模板，质量自然会大打折扣。

针对这一劣势，就读国内公立学校的学生要注意提高自己的英语水平，将劣势转化为优势。要知道，低龄留学或就读国际学校的学生，英语水平一般比较高。要想追上他们，就读国内公立学校的学生要在初中就开始准备托福，以及提升英文阅读写作能力。

总之，关键是要提高英语能力。学生应该早点行动，只要按照规划狠狠地攻读英语，同样能拿到很好的标准化成绩，同样能申请到理想的大学。

在活动方面，相比国际学校丰富的课外活动，国内的公立学校学生没有太多时间安排课外活动。其相应的准备和挖掘方面也存在一定欠缺，部分学生包装迹象明显，从而使得美国大学的招生官有时会质疑这些学生课外活动参与的真实性。而且很多学生的活动欠缺持续性。这容易导致招生官对学生专业度发展并不十分认可。

针对这一点，学生可以利用寒暑假参加夏校或者海外学习项目，多体验美国的文化和教育。首先，开拓学生视野，提高学术、社交、文化等多方面的适应能力。其次，让学生了解并适应国外评价体系和标准。最后，加强学生的学习动力。

通过参加一些 2 ～5 周不等的高质量暑期项目，让学生们直观感受到在美国学习是种什么样的体验。在接触老师和来自世界各地的学生的过程中，学生的英语表达能力得到集中的锻炼，并产生对未来在美国学习生活的动力。而在申请美国大学的过程中，这些经历也会成为加分项。

选择适合自己的途径

具体到申请美国大学方面，就读国内公立学校的学生主要有以下几种途径。

途径一：不参与高考，直接申请美国本科院校

适合人群：成绩优异、留学规划准备较早的国内高中生。

这是国内学生申请美国大学最重要也是最常规的方式。学生需要参与美国大学要求的各类语言和标准化考试，主要包括 SAT 或 ACT、托福或雅思及其 SAT2 等。学校在考查申请者时会参考学术和非学术标准，学术标准包含标准化考试的成绩，初三到高三的平时成绩、平均分和排名，AP 成绩，学术竞赛成绩等；非学术标准则包括了课外活动、科研、领导力、社区服务、文体特长，以及申请者的兴趣特长、个性特点等。同时，很多大学还会通过个人推荐信和面试来考查学生。

美国大学本科申请往往要早一年进行，因此高中二年级时学生就必须参与标准化考试，还要准备好各种留学文书材料，包括 Essay、推荐信等，还要保持出色的校内成绩。对于梦想冲击美国名校的学生，准备的时间要更早，甚至在初中的时候就得开始规划各项有特色和有意义的课外活动，强化自己各方面的实力。

途径二：以双录取或半条件录取的方式进入美国大学

适合人群：高中成绩出色，但语言成绩未达标或来不及准备报考语言考试的高三学生。

如果学生在高中期间并没有考虑过去美国读书，也没有做任何的语言准备，直到高三下学期甚至高考结束后才开始申请，那么也是有办法的。学生可以申请高中毕业后去美国读“语言课程 + 大学本科课程”，俗称“双录取”。

部分美国大学针对无语言成绩或语言成绩没有达到院校最低要求的学生，提供免托福或 IELTS 的半条件录取。学校会发出两份录取信：一份是该校语言中心的录取书，另外一份是该学校本科的有条件录取书，因此又称“双录取”。这里的“有条件”指的就是学生入学后，须先进

入语言中心学习。语言通过后，不需要申请可直接入读本科。

接受有条件录取的美国大学有非常多，不少综合排名前一百的大学都提供有条件录取的方式。对于决定出国时间较晚，或是英语语言基础较差的同学，可考虑通过这类方式赴美读本科。

小贴士

提醒学生必须选择正规的语言中心和大学，避免入读野鸡院校或资质有问题的学校，导致修读完语言课程后没办法继续本科学业。

途径三：高考后临时决定出国读本科

适合人群：高考成绩不太理想，或录取专业不理想的学生。

这是比较特殊的情况。高考后因为成绩不理想，临时决定去美国读本科的学生，通常都会选择 Gap Year 的方式。在 Gap Year 过程中，学生进行各项考试的准备，申请来年美本新生的春季或秋季学期入学。也有学生会先去国内大学就读，感觉不太满意后，通过本科转校的方式转赴美国大学读大二或大三。

就读国内公立学校的学生，一定要对自己有充分的信心。要知道在多年前还没有国际学校时，学生都就读国内的公立初中、高中，然后朝着美国名校的目标去努力，很多人也心想事成。说到底，无论是在哪里上学，只要学生足够拼搏、进取，都能在更高的舞台上大展宏图、大放异彩。

二、 高考后如何再入读美国大学

在高考结束后，很多机构都会收到家长们咨询出国留学的信息——“高考万一考不好，能出国吗?” “只用高考成绩能出国吗？去哪儿?”

“现在申请还来得及吗？需要准备什么资料？”“有没有什么好的学校可以推荐？”……对高考分数和录取院校不满意的同学，无论你是文科还是理科，高考后也可以换种思路，将出国留学作为自己的另一个计划。

从大环境看，每年高考都有人金榜题名，也有人名落孙山。但请记住，高考并不是人生的终点，人生也不止18岁。人生路有千千万，一条路走不通就换一条道路，也可以实现逆风翻盘。高考后入读美国大学，其实没有想象中那么难。

◆ 高考成绩很重要

最省时省力的方式，自然是学生通过高考就实现出国留学的梦想。就目前看，美国、英国、澳大利亚等热门留学目的地国家中有不少高校，都接受中国学生用高考成绩申请。

以英国为例，成功申请者的高考分数因所在省和年度而异。成功的申请者高考成绩通常位列其所在省的前0.1%。此外，学生的雅思最低总成绩7.5，单项不低于7.0。除了高考成绩之外，申请者需要参加面试和入学考试。因此，鼓励参加高考的申请人在其学校课程之外进行额外学习。例如，相关的科学奥林匹克竞赛或大学理事会SAT Ⅰ或Ⅱ，或高级分班考试成绩等。

而针对赴美留学，即便学生没有标准化成绩、没有准备背景提升等，凭借高考成绩也有可能打开美国高校的校门，而且还有两种选择：①高考总成绩+高考英语成绩；②高中三年GPA+英语标准化考试成绩。

以贡萨加大学为例，作为美国西部老牌名校，贡萨加大学在US-News 2022年美国大学综合排名中，稳步上升至第79位，连续三年位居全美百强大学之列。贡萨加大学提供直录和国际大一两种选择，高考英语达到120分就可以直录，高考成绩达到本科线且高考英语满足110分的要求可以申请两学期的国际大一课程。

人才辈出的奥本大学录取要求也不高，高考成绩达到本科线且高考英语达到110分可以申请两学期国际大一课程，英语成绩在105分以上的可以申请三学期国际大一课程。值得一提的是，奥本大学还为学生提供最高9万元人民币的奖学金。

此外，雪城大学、弗吉尼亚理工大学等数十所美国大学，也都接受中国学生用高考成绩申请。但这些学校的美国大学排名通常都不会很高，所以学生一定要做好心理准备。比如2022年，雪城大学排名59，路易斯安那州立大学排名172。

◆ 更多建议

美国是传统的留学目的国，每年都有数以万计的中国学生赴美留学。就当前来看，美国小部分学校允许学生用高考成绩代替 SAT/ACT 申请国际大一/本科双录取等。学生在入学后如果能通过内部考试，就可以直接“转正”，参加正式课程。这也是为什么近年来，很多同学和家长选择了“高考留学”。高考留学两手抓，这确实是对学生比较有利的一个方案。不管高考成绩怎样，这都为中国学生提供了另一条升学新路径。

一方面，两手抓分摊了学习的压力，降低“失学”的风险。另一方面，越来越多的海外高校承认国内的高考成绩，避免了选留学就没精力顾及高考的局面。而随着越来越多的海外高校认可中国高考成绩，中国学生也有了更多接受国际化教育的选择机会。

国外高校认可中国高考成绩，为国内优秀学生出国留学提供了便利。在各国国际学生留学费用普遍上涨的情况下，缩短准备时间就相当于节约了不少费用，这对于许多中国学生来说很有吸引力。但学生也要明白，虽然中国高考成绩获得了许多国外高校的认可，但它仅是衡量学生学业能力的标准之一，出国留学光有高考成绩还不够。

要进入国外大学尤其是比较知名的大学，学生还要经过标准化语言考试和面试等环节的考核。学生应该认真了解目标学校的申请要求，做好充分准备，增加录取概率。想申请到更好的国外大学，优秀的语言成绩和丰富的课外活动经验、实习经验等还是必不可少的附加条件。

高考后希望能直接入读海外高校的学生，一来要客观评估自身条件，切忌因为直接入读海外高校的申请时间较短等原因盲目跟风。二来接受中国高考成绩的外国院校名单、专业、高考分数要求等诸多信息每年都会有所调整，学生申请前应了解清楚，以免信息有误导致申请失败。这也意味着，高考后想出国留学的学生，要提前做好规划，包括对大学的选择和申请时间规划。

针对高考后想出国留学的学生，主要有两个建议。对于高考完当年就想出国留学的学生，因为时间非常紧迫，要尽快开始准备语言成绩（雅思/托福）。在这期间，学生不仅要准备申请学校的各种材料（文书和证明等），还要确认护照的有效期。在拿到学校的 I-20 之后，要马上进行签证的预约，另外还要完成体检和订机票等一系列的动作/任务，这些都需要在 2 个月左右的时间内准备完成。

对于计划高考完第二年出国留学的学生，准备时间也非常紧迫，大概为 4 个月。因为想要申请好的学校，就要赶在 11 月美国大学提前批次申请截止日期前，进行头脑风暴和留学规划等一系列动作和安排。只有 4 个多月准备托福考试，其间还要准备文书、推荐信等各种申请材料。因此，一定要加快速度。

第三章

申请前从这些维度进行规划

近年来，随着留学人数呈上升趋势，大学申请愈加激烈。就以纽约大学为例，2021 年国际生申请人数已破 10 万，录取人数仅占 12% 左右。在如此激烈的竞争下，必备的硬实力重要性愈发突出，软实力的作用也越来越明显。在某些大学的申请系统中，更是要求学生填写科研、竞赛、实习等相关经历。

从趋势来看，申请美国名校，不仅需要拥有足够强大的硬实力，如学习成绩（GPA）和标准化考试成绩（如托福、雅思、GRE、GMAT、SAT 等)，还需要拥有足够强大的软实力。而本科申请更偏重热情、兴趣及未来潜能，也就是通常所说的背景提升项目。简单来说，申请前要从 GPA、标准化成绩、背景提升等多个维度进行科学且有效的规划。

其中，以 GPA、标准化成绩为代表的硬实力不可忽视。不论学生想去哪所美国高校留学，GPA 都必须达到一定的要求。毕竟 GPA 是学校判断申请者是否具有扎实专业知识以及潜在学术能力的基础。

至于背景提升类的软实力，包括的内容很丰富。其中，科研项目指的是科研能力，包括钻研能力、创新能力；比赛竞赛不仅能展现申请人对某一领域的浓厚兴趣，也能展现其在该领域具有的领先优势；参与的活动则能反映出一个人的领导力、团队合作能力以及奉献精神等。

学生需要注意的是，申请前提以学习成绩、标准化考试成绩为主，背景提升是在通过成绩要求后进行的区分维度。本章将针对美国留学申请前在各个维度如何进行规划做详细讲解。

第一节 GPA

在美国大学申请条件中，最重要的硬性条件是学生 9—12 年级的在校成绩（也就是我们常说的平均学分绩点）和课程的难易程度。学校以此判断学生是否有能力应付大学的专业课，进而决定是否录取该生。而课程的难度在一定程度上决定着 GPA 的高低。

平均学分绩点（grade point average，即 GPA）是以学分与绩点作为衡量学生学习的质与量的计算单位，以取得一定的学分和平均学分绩点作为毕业和获得学位的标准，实施多样的教育规格和较灵活的教学管理制度。

学分，是用于计算学生学习量的一种计量单位，按学期计算，每门课程及实践环节的具体学分数以专业教学计划的规定为准。绩点则是课程学习质量的体现，它充分反映了学生掌握课程知识的程度，不包括绩点的学分制是不完整的。因此，许多学校引入绩点制来进一步完善学分制，使课程学分与绩点相结合，通过计算平均学分绩点来区分学生的学习质量。

◆ GPA 的定义与分类

GPA，可以简单理解成“平均绩点/平均分”，能基本客观地反映一个学生的学术能力、学业完成状况等信息。一般情况下，国内学校开具的官方成绩单上，有两种算分方法较为普遍，一种是算术平均分，一种是加权平均分。

从性质上看，算术平均分（常说的未加权 GPA）忽略课程学分和课程难度类型，按照所有学科成绩的平均数，各科的学分对这个结果没有任何影响。也就是说，如果学生的 2 个学分体育选修课的课程成绩是满分和6个学分的数学专业课成绩是满分，在这种计算方法下是完全相同的结果。这种算法适合那些学分少的课程或选修课成绩很突出而学分高或专业课成绩一般的同学。

另一种是加权GPA，它是用各个学科成绩的分数乘以相应学分的比重所计算出来的经过加权后的平均分。在美国高中体系中，荣誉课程和AP课程的加权算法，最适合那些学分高的课程且成绩很高、学分低的课程且成绩较低的同学使用。

美国高中GPA是一个多元化的体系，由不同的评价内容组成。

1. 平时作业（assignments，占20%～40%）

美国高中学生每一次作业都有一个分数，比较重要的作业可能一次满分就是100分，其他则是10分或20分不等。学生每次作业里的分数相加，算出百分比，就是作业的平均成绩。比如一学期的作业累计总分是500分，学生累计得了450分，那他在这个学期的作业平均成绩就是90%。

学生们需要认真对待每一次作业，特别是满分比较高的那些“大”作业，绝不可掉以轻心，因为平时的作业成绩一定会影响到最终总成绩。

每个老师对待迟交作业（late assignment）的方式都不太一样，有的老师不接受迟交的作业，直接给零分。有的老师比较严格，即使过了时限也要求必须补交作业，但是成绩会被打对折或为零分。

在作业要求这一点上，大多是没有商量余地的。但是根据实际情况的不同，也有可能给予减免一些作业。如果学生生病或是有合理理由缺课（比如外出参加比赛），那么这些作业将不会计入最后的作业成绩，不过也需要尽量补上作业。

2. 课堂小测验（quiz，占10%～20%）

美国高中老师往往会在课堂上给学生们做一些小测验，有些是临时性小测验（pop quiz），不会提前通知。特别是当老师看到大家注意力不集中，或者觉得学生没有花足够时间学习的时候。这些小测验的分数也和作业一样，会被累积起来，用以计算最后的平均成绩。

3. 考试（tests，占 10%～20%）

Test 指在一个大的章节教学结束后的总结性考试。这些考试一般都会提前通知学生准备，对学生最终的 GPA 非常重要。除了期中期末的大复习，美国老师在每一阶段的教学后是不会再花时间带学生复习知识点的。所以平时 test 所考的内容，对于学生准备期中和期末考试就显得至关重要。

4. 期中/期末考（midterm/final exam，占 15%～25%）

期中考试的范围一般涵盖从开学到期中所学的内容，而期末考试则是一整个学期所学的内容。期中考试和期末考试在总成绩里占的比重没有那么大，但是学生们还是要认真准备考试。

5. 特别项目（project，占 10%～25%）

特别项目一般来说也和作业差不多，但有时候会是小组作业的形式，即是需要几个人一起完成的作业。每个人都需要在项目中有所贡献，齐心协力地合作。同一个小组的同学可能会拿到同样的分数，也有可能会根据自身的表现得到不同的评分。特别项目有时候是外出参观回来写的心得笔记，有时候是一个实验报告，有时候是一篇研究论文等。

特别项目一般都会写在教学大纲（syllabus）上面，学生们有足够的时间来准备和完成。这对学生们合理安排和管理时间的能力是一大考验，不能因为觉得期限还没到就不着急，等临交的时候才发现内容太多做不完了。

6. 课堂表现（participation，占 5%～20%）

美国老师非常看重学生们在课堂上的表现。学生们认真听课，积极参与讨论，主动问问题，积极互动，贡献自己的想法等，都是老师们希望看到的。如果在课堂上从不发言、对老师的问题不做回应，都会被认为是参与程度不够，拿不到这关键的课堂参与分数。

7. 学习努力程度（effort，5%～10%）

学习努力程度这项不常出现，老师会把这个分数算进课堂表现（participation）中。一般来说老师会看得到学生们是否为学习新知识付出了努力。这个分数对于大部分学生来说，就等于“白送”。但是如果老师觉得你应付作业、不好好记笔记、粗心大意地对待作业和考试，就会认为你没有付出努力，不会给你这个分数。

◆ 高中阶段 GPA 的要求

GPA 的价值和意义不用多说，它基本客观地反映了一个学生的学术能力、学业完成状况等信息，是超过标准化考试、活动背景、文书等成为招生官在录取时考察的最重要指标。另一方面，如果一个学生拥有非常优秀的标准化成绩，但是成绩单上的 GPA 非常一般，对于招生官来说是没有任何说服力的。正常情况下标准化成绩和 GPA 是能够相互匹配的，但是一个优秀的 GPA 却能弥补标准化成绩方面的不足。

一般来说，GPA 4. 0 分制下获得 3. 0 算是良好，即 80 分 +/100 分；获得 3. 5 算是优秀，即 90 分 +/100 分。而参加 AP 课程，是提高 GPA 的最有效方法。所以，如何选择课程在美国高中体系里也是一门很大的学问。我们建议同学们在每学年选课的时候，多方面考量自己所选科目是否适合自己且评估目前你真实的学习能力和时间，是否适合去挑战 AP 课程，做到“量力而行，尽力而为”。

要想在美国优质高中保持高 GPA 不是一件容易的事，这是因为：

1. 对学生的评价是全方位的

要在美国高中获得好成绩，不是单靠一次两次的考试成绩，而是需要在学习的各个方面做到最好。因为所有学习过程都会进入评价体系，所以没有哪个环节可以忽略。学生在美国高中学习，不能有丝毫松懈，需要对整个的学习过程保持高度的关注，为每一次作业、测验，每一堂课做好准备，从而获得好成绩。

2. 成绩具有持续性

每天的学习都计入成绩，日复一日、年复一年，成绩的获得靠的是长期的努力，而不是临时抱佛脚。本科申请需要提交四年的 GPA，这就意味着可以看到整个高中阶段成绩的状况。美国大学相信一个学生长期的努力和付出，能通过连续四年的成绩来佐证。

3. 美国高中成绩注重真实性

学业成绩的真实性是非常重要的。学生的学业成绩是不允许作假的。一旦查出，无论对老师还是对学生，都是极大的损失。所以，老师会严格按照要求给学生打成绩，不能弄虚作假，不能受任何因素影响，公正公平地对待每一个学生。

而学生也必须诚实地面对自己的学习，按照要求完成作业。由于美国高中作业的开放性，使得作业没有标准答案，也就无法照抄别人的作业。在使用资料方面，老师也有明确的要求，一旦发现抄袭，就可能导致严重处罚。这些方式都对学生学业成绩的真实性有很好的保障。

◆ 课程难度

美国高中采取的是学分制课程，灵活性高，分为必修课和选修课。学生在每个学年在满足毕业所需的必修课学分后，可以多选修一些自己喜欢的选修课，比如画画、音乐、喜剧和舞蹈等。美国学校也有对选修课毕业学分的要求，比如要修满 2 学分的体育课。不过体育课不一定在学校里修，可以在暑假时修，包括网络资源。上了相关课程和做好记录，考核符合标准就算通过，取得一定的学分，有的 0.5 分、有的 1 分，取决于每个学校的设定。

随年级增长，每学期学分数（选课数）增加，一般每学期至少选择 6 至 7 门课，完成上一年级学分，方可进入下一年级。学生如果提前修满学分，可选择提前毕业，申请进入大学或在校进行大学课程选修。

美国高中课程分为艺术类、英语类、历史和社会科学、数学和计算机、科学、世界语言和文化六大类课程，每一大类课程下又设置不同的子课程，使用不同水准的教材，也就是说每个年级都有与之对应的必修课程。值得注意的是，每所美国高中的课程设置都不尽相同，但基本毕业要求是四门英文课、三门数学、三门理科、三门社会科学、一门科学课程和两年外语课程等。部分高中还会要求学生额外学习本地历史和本地文化风俗课程。

而每个子课程会按照难易程度分为常规（Regular）、荣誉（Honor）

和大学预修（AP）这三种课程。其中，AP 课程最具挑战性，难度相当于本科大学一年级课程级别。学生可以只修 AP 课程，而不参加全国 AP 考试。常规课程的 GPA 满分 4 分，AP 课程的 GPA 满分 5 分。荣誉课程的权重由学校自己决定，有的满分 4.5 分，有的满分 5 分。

第二节　标准化成绩

一、申请美国名校要准备哪些标准化成绩

除了 GPA 之外，在美国本科申请中，还有一个同等重要的硬核条件：标准化考试成绩。标准化考试一般包含两种类型：语言考试和 SAT/ACT 考试。

在上万份申请者的资料中，很多大学通常会根据 GPA 和标准化考试成绩这两个硬核条件进行第一轮初选。另一方面，在申请美国大学的时候，申请者也可根据自身的 GPA 和标准化成绩这两个条件去选择大学。

◆ 语言考试

语言考试的种类包括 TOEFL（托福）、IELTS（雅思）、Pearson Test of English（PTE）、Duolingo English Test（多邻国）等，其中，美国大学接受最广泛的考试是 TOEFL 考试，其次是 IELTS 考试。

托福考试（TOEFL，全称为 The Test of English as a Foreign Language），即“检定非英语为母语者的英语能力考试”，由美国教育测验服务社（ETS）举办。TOEFL 的考试形式有三种，分别是纸考（PBT—Paper Based Test）、机考（CBT—Computer Based Test）和网考（IBT—Internet Based Test）。

国内托福考试形式以 IBT 为主，考试成绩有效期为两年，从考试日期开始计算。托福考试通过听、说、读、写四个方面来考察应试者学术语言能力，满分 120 分，考试时间预计 3 小时，分为阅读、听力、口语、写作 4 个部分，每部分 30 分，考试日结束 6 个工作日后出成绩。一般情况下，海外大学本科托福最低要求 80 分，顶尖大学的托福最低要求 100 分。而现实申请中，有竞争力的申请者的托福分数会达到 110 以上。

雅思考试（IELTS，全称为 International English Language Testing System，国际英语测试系统），是著名的国际性英语标准化水平测试之一。雅思考试于 1989 年设立，由英国文化教育协会、剑桥大学考试委员会和澳大利亚教育国际开发署（IDP）共同管理。雅思分为三类考试，分别是雅思考试、用于英国签证及移民的雅思考试（UKVI）和生活技能类雅思考试。其中雅思考试分为学术类测试（A 类，Academic）和培训类测试（G 类，General Training），适用于出国留学申请本科，而留美申请者要求选择雅思 A 类考试，成绩有效期为两年。

雅思总分为 9 分，听、说、读、写四个单项分数都为 9 分，考试形式分为纸笔考试和机考模式，纸笔考试出分时间是 2 周，机考出分时间为 3 天。一般情况下，海外大学本科雅思最低要求 6. 5 分（单科要求 6. 0 分），顶尖大学的雅思最低要求 7. 0 分。而现实申请中，有竞争力的申请者雅思分数会达到 7. 5 分以上。

◆ SAT/ACT 考试

美国本科申请一般会要求申请者提交 SAT 或者 ACT 考试的成绩，且多数大学对 SAT 或 ACT 没有偏重，学生们可以根据自己的情况选择其中一个考试。但是中部和西部的院校的申请者，多数会提交 ACT 考试成绩。这两年由于疫情，美国大多数院校采取“Test-Optional”即“选择性提交”的招生政策。而未来这一政策是否更改，还要看各院校官方公布的最新消息。

SAT，全名为 Scholastic Aptitude Test，即“学业能力倾向测验”，简称为“赛达”或者“美国高考”。其是由美国大学理事会（College

Board）主办的一项标准化学术能力水平考试，由 ETS 承担其命题及阅卷工作。2016 年改革后，新 SAT 考试满分 1600 分，分为两部分，必考部分：阅读和文法 800 分，加上数学 800 分，满分一共 1600 分；选考部分：写作（阅读 8 分/分析 8 分/写作 8 分）满分 24 分，成绩有效期为 2 年。若申请全美前 50 名的院校，建议同学们要达到 1400 分以上，前 20 名达到 1500 分以上。

ACT，全名为 American College Test，即“美国大学入学考试”，是对申请读本科一年级课程的学生进行的入学资格考试，由 ACT 公司主办和管理运营。ACT 考试分为四个部分：英语（English）、数学（Math）、阅读（Reading）和科学推理（Science Reasoning），写作为选考。各单项满分 36 分，总分 36 分，总分取平均；写作满分 12 分，不计算在总分中，单独给出分数。若申请全美前 50 名的院校，建议同学们要达到 28 分以上，前 20 名达到 32 分以上。

◆ 标准化成绩的重要性

美国的大学每年都会收到上万份申请，为了节省工作量，招生办会根据申请者 GPA 和标准化成绩进行第一轮筛选。GPA 是敲门砖，敲开相对应大学院校的大门；标准化成绩是门槛，学生还需要跨过门槛才能进入大门。

在所有申请的主要材料中，标准化成绩达到各院校的招生政策要求之后，它在招生办眼中就只是一个数字。除非各标准化分数非常高，要不然一般院校的招生办不会对它有更多关注。但如果标准化成绩没达到院校录取的基本要求，可能招生办还没看到学生的文书、简历和推荐信，就直接否定申请。因此，标准化成绩也是很重要的。

另一方面，高中阶段，申请人最好在 G11 学年结束，G12 学年开始之前得到理想的标准化成绩，这样可以赶上 ED/EA 早申时间递交申请材料，争取早日上岸。这样一来，在 G12 学年下半学期就有充分的时间做好出国留学前准备工作，如签证、体检和订机票等。

此前由于疫情的影响，导致标准化考试许多时候被取消，也有不少大学取消标准化考试成绩要求。但目前看来，许多大学在逐渐恢复对标准化成绩的要求。一般来说，美国大学对标准化成绩的政策，有以下四种类型：

Test-Required：必须提交 SAT/ACT 成绩，否则申请材料并不完整。

Test-Blind：完全不考虑 SAT/ACT 成绩，标准化成绩无法送达招生办。

Test-Flexible：灵活的标准化政策。标准化成绩除 SAT/ACT 成绩外，也可以提交 AP、IB 等成绩。

Test-Optional：不强制要求学生提交 SAT/ACT 成绩。如果愿意提交比较有竞争力的分数，会接受并纳入申请考核范畴。

在通常情况下，如果学生提供 SAT/ACT 成绩，可以提高竞争力，证明自身的实力。但如果时间不足或因为疫情没有 SAT 成绩的申请者，也不必恐慌，把 GPA 和文书做好，一样有机会被美国大学青睐。

二、 托福考试

托福考试为 TOEFL，全称为 The Test of English as a Foreign Language，即“检定非英语为母语者的英语能力考试”，由美国教育测验服务社 Educational Testing Service（ETS）举办。TOEFL 基于互联网或纸质标准化测试，共有三种考试项目，分别是纸考 PBT—Paper Based Test 、机考 CBT—Computer Based Test 、网考 IBT—Internet Based Test。其中托福 IBT 考试 2006 年经批准引进中国，也是目前教育部考试中心与 ETS 合作举办的唯一的托福考试项目，已在全国 130 多个考点开考，覆盖 50 个城市。

托福 IBT 考试被全球 150 多个国家的海外各大院校、组织和机构用来衡量入学申请者或从业者英语能力的权威标准，包括美国、英国、加拿大、澳大利亚以及欧洲和亚洲主要留学目的国——超过 11 000 所综合性大学、机构和学院认可托福 IBT 成绩。移民部门会参考申请者的托福

IBT 成绩签发居住和工作签证；医疗及认证机构会根据从业者的托福 IBT 成绩颁发职业资格证书。此外，越来越多的英语学习者也依据托福 IBT 成绩自我评估英语学习成效。

◆ 考试形式

托福 IBT 考试通过互联网进行，考试采取机考形式，主要考查考生将来能否适应大学课堂的学习和国外生活。其通过阅读、听力、口语和写作四部分，全面考核考生学术英语的应用能力，助力其顺利完成海外的学习和深造。

托福 IBT 满分是 120 分，听说读写各 30 分，最终得分为四个部分的总和；成绩有效期为 2 年，从考试日期开始计算；考试结束后 6 ～10 个工作日出成绩；考试时长共 3 小时，所有考生在听力部分结束后可以休息 10 分钟。

1. 阅读部分

时限 54 ～72 分钟，3 ～4 篇阅读文章（可能有 1 篇文章为加试题目，不记入学生成绩），每篇文章有 10 道题目，共 30 ～40 题。题型共有 4 大类，包含单项选择题（4 选 1）、多项选择题、四个选项的题目(要求考生在文章中最合适的位置“插入一句话”)、总结归纳类题目(多选题)。文章类型一般为解释说明型、立论型和历史题材型。

2. 听力部分

时限 41 ～57 分钟，28 ～39 个题目；包含 2 ～3 个对话和 3 ～4 个讲座（可能有 1 个对话和 1 个讲座为加试题目，不记入学生成绩）。每个对话 3 分钟左右，包含 5 个问题；每个讲座 5 分钟左右，包含 6 个问题。

听力对话场景可能是学生与教授或助教在办公室的交谈，内容通常与学术内容或课程要求有关；或者是学生和大学工作人员之间有关服务方面的对话，内容是关于学习外的校园活动，如缴纳公寓住宿费、课程报名或者在图书馆询问信息。

听力讲座材料均真实反映了课堂上的听说情景。在一些讲座中，教授满堂灌输，偶尔有学生提问或提出意见；在另外一些讲座中，教授可能会通过提问题鼓励学生参与讨论。

听力部分包含四种题型：单项选择题 、多项选择题、排序题（排列时间的先后顺序，或排列某个过程的步骤）、搭配题（将一些对象或文本与图表中的分类进行搭配，或在单元格里打钩）。

3. 口语部分

时限 17 分钟，4 道题目。

第 1 道题是独立口语任务，考生需要谈论自己所熟悉的人物、地点、物品或事件，利用任何与题目有关的想法、观点或个人经历来回答。该题的准备时间 15 秒，答题时间为 45 秒。另外 3 道题是综合口语任务，要求考生首先读、听，然后用口语作答。

第 2 题中要求阅读一篇与校园生活话题相关的短文，接着听到两个人谈论该话题并表达自己的观点。

第 3 题中要求阅读一篇学术类的短文，接着考生会听到一个教授关于该话题的讲座节选，教授往往会通过扩展事例、举反例等方式来说明短文中的概念，然后考生依据所读和所听的信息来回答第 2、3 题的题目。阅读短文的时间为 40～45 秒，听力的时间为 60～90 秒。考生的准备时间为 30 秒，答题时间为 60 秒。

第 4 题中，考生会听到一个教授关于某学术问题的讲座节选，然后就此内容回答题目。第 4 题听力材料的时长为 60～90 秒，考生的准备时间为 20 秒，答题时间为 60 秒。

4. 写作部分

时限 50 分钟，2 项任务（综合写作和独立写作）。

第一题根据阅读及听力材料的内容完成一篇作文，要求对听到和看到的材料内容进行总结归纳，阐述它们之间的逻辑关系；第二题是独立写作，有条理性和逻辑性地阐述自己的观点，要求 1 个主题思想和阐述自己的重要观点，利用推论、例证和细节展开论述。

◆ 注意事项

一般实际考试中，考生往往会在听力或者阅读部分碰到加试试题，也有可能阅读、听力两部分同时都加试了。加试部分不算分，但是考生事先不知道哪一部分是加试题目，哪一部分是正常考试部分。所以考生还是需要把所有的考试题目完成，这无疑增加了考试难度。

如果想要申请美国综合性大学 Top1—20 的学校，那么考生的 TOEFL 成绩需要达到 110 +；如果要申请综合性 Top21—30 的学校，那么考生的 TOEFL 成绩需要达到 105 +；如果要申请综合性 Top31—50 的学校，那么考生的 TOEFL 成绩需要达到 100 +。达到 TOEFL 要求并且软实力优秀的学生，会比较有机会获得该档次学院的录取。

三、 SAT/ACT 考试介绍、 区别和成绩要求

SAT 和 ACT，还是存在一定区别的。由于 SAT 设立时间早，得到全美大学的广泛认可，而 ACT 主要在美国中西部的大学中流行。但是，近年来，高速发展的 ACT 考试已经在美国著名高校中获得承认，其中也包括哈佛、耶鲁这样的顶级名校。所以一般情况下，申请者选择考 SAT 还是 ACT 的考虑因素更多是难易程度。接下来，不妨对二者的特性及区别做进一步的了解。

◆ SAT 简介

SAT，全名为 Scholastic Aptitude Test，即“学业能力倾向测验”，相当于美国高考，俗称“赛达”，是由美国大学理事会（College Board）主办的一项标准化学术能力水平考试，由 ETS 承担其命题及阅卷工作。

2016 年 SAT 进行改革，分为必考和选考科目，其中必考部分有阅读（Reading）、文法（Writing and Language）和数学（Mathematics）共三个科目；选考科目为写作（Essay），每场考试 3 小时 50 分钟，整场考试共休息 3 次，每次休息 5 分钟，不考作文的话就是 3 小时。

四个科目的分配如下：

阅读部分：一共 5 篇文章，4 篇长文章和 1 篇双短文，每篇文章出题 10～11 道，共 52 道题目，限时 65 分钟；阅读文章题材涉及小说、自然

科学、社会科学和历史文献四类，其中的自然科学题材通常会出现两篇；出题的题型是 4 选 1 的单选题，而阅读文章的来源一般是各类报纸杂志、小说、自传记类作品、各类组织的报告和个人博客。

文法部分：以文章为载体来出题，一共 4 篇文章，每篇文章字数在 400～450 字，每篇文章有 11 道题目，限时 35 分钟答题；文章题材有记叙文、说明文和议论文。此部分分为对文意表达的考查和对标准英语规则的考查这两大块，即我们常说的文章题和语法题，题型是 4 选 1 的选择题。新 SAT 的文法部分把语法点融入了篇章中去考查，并加入了图表分析，注重单词的精准运用和文章段落的逻辑和结构把握。

数学部分：分为 2 大块，加强了对数据图表分析能力考查，不再有单纯的数学题，而是将数学题目嵌入到阅读题中，欲先做题必读小文章。内容围绕代数核心内容（19 道题目）、高等数学基础（17 道题目）、解决问题和数据分析（16 道题目）、附加数学（6 道题目）。第一部分有 20 题（15 道多选题和 5 道填空题），限时 25 分钟，不允许使用计算器，旨在考查考生对基本概念的理解；第二部分有 38 题，限时 55 分钟（30 道多选题和 8 道填空题），可以使用计算器，考查考生是否能借助工具迅速地实现对数据的分析和处理，是对考生的补充要求。

选考写作（Essay）要求考生们对一篇给定的文章进行分析性的写作：考试分为三个步骤——阅读、分析、写作。对一篇文章进行阅读，提炼中心思想，分析逻辑结构和论证方法以及熟悉各种修辞手法。写作中考查学生的用词用句和语法；每步骤都有两名考官评分，分值为 1～4 分，两位考官评分分值相加则是该部分的成绩，每步骤最终成绩为 2～8 分。虽然写作是选考，但很多名校要求提供写作成绩。

SAT 总分算法：必考部分：阅读 400 分 + 文法 400 分 + 数学 800 分，满分 1600 分；选考部分写作分数单独报告，根据阅读、分析和写作三部分给分，各部分满分 8 分，写作总分 24 分，答错题不扣分。

SAT 考试安排在每年 3、5、6、8、10、11、12 月各一场（其中 6 月和 11 月只在北美有考场），正常情况下，考试结束的第 15 天至第 20 天内出成绩，成绩有效期 2 年。SAT 报名方式：考生登录 College Board 官网，注册账号，按照提示进行报名和缴费，考试结束后进入自己的账号，就可以查询到自己的分数报告；基本报考费用一般包括注册费 60 美元、国际考生费用 53 美元和考试中心服务费 24 美元，共 137 美元，其他费用根据实际情况参考官网信息，且每年的报考费用要以当年的官网发布信息为准（官网报名入口：https：//satsuite. collegeboard. org/）。

值得注意的是，目前中国内地没有 SAT 考场，考生可以自由选择我国香港/澳门地区等考场进行报考。

◆ ACT 简介

ACT 考试全称为 American College Test，即美国大学测试，由 ACT 公司主办。其性质与 SAT 考试相同，同样被称为“美国高考”，皆是美国高中生进入美国大学的标准入学考试（相当于国内高考）。这个考试被很多美国大学承认，但以美国中部和西部的院校更偏多，其中有 7 个州要求学生必须参加 ACT 考试，分别是伊利诺斯州、科罗拉多州、密歇根、肯塔基、怀俄明、田纳西、缅因州。

ACT 考试主要分为四个部分：英语（English）、数学（Math）、阅读（Reading）和科学推理（Science Reasoning），写作为选考。ACT 英文、阅读、数学、科学推理四部分，每部分满分 36 分，共 215 道选择题，最后成绩取 4 项平均分，考试时长为 2 小时 55 分钟；写作单独计分，满分 12 分。

五个部分具体分配如下：

第一部分英语，考试时间 45 分钟，测试学生的语言使用能力以及对修辞技巧的掌握。这一部分共 5 篇文章，每篇文章约为 15 道题，共 75 道选择题。大部分题型为词组替换题，考查考生对文章写作风格的判断以及对语法知识的掌握，其中语法/结构约 40 道题，修辞技巧约 35 道题。英语部分是 ACT 考试题目数量最多的部分。

第二部分数学，考试时间 60 分钟，这部分是考试时间最长的部分，也是唯一有 5 个选项选择题的部分（其他部分都是 4 个选项选择题）。这部分考试题目对国内考生来讲相对简单，基本为初中和部分高中数学的知识，并且允许考生使用没有存储功能的计算器；考查内容一般为：算数与初等代数 24 道题，中等代数与解析几何 18 道题，平面几何与三角 18 道题，一共 60 道选择题。

第三部分阅读，考试时间 35 分钟，阅读共 4 篇文章，4 篇文章的类型会按照以下顺序出现：小说散文、社会科学、人文学科和自然科学；每篇文章对应 10 道选择题，包括细节定位、推断、概括、排除、目的、修辞等多种题型。

第四部分科学推理，考试时间 35 分钟，这部分考查了学生的生物、化学和物理等科学相关方面的知识。科学重在考查学生的推理思维能力，并不直接考查学生已经掌握的知识，阅读速度往往会成为能否取得高分的关键。有 6 篇文章共计 40 道选择题，6 篇文章被分为 3 种类型，即 Data Representation（数据展示）、Research Summaries（研究概括）和 Conflicting Viewpoints（观点冲突）。从难度上讲，数据展示类型的文章相对简单，而观点冲突类型的文章相对较难，主要考查图表分析能力、快速阅读能力、科学推理能力、快速答题能力。

第五部分是选考部分写作，通常位于考试的最后。考试题型是观点性题目，其中会给出关于一个社会现实的三种不同观点，考生需要在阅读之后给出自己的观点，并分析自己的观点与其他观点之间的联系。考生选择的观点可以是题目中三个的一个，部分相同或者完全不同。在作文考试中会重新发一份试卷，内部印有一个作文题目。作文在 2015 年夏季改革，新的作文题目为一个话题列出三个观点，要求学生选择一个观点并写完一篇议论文。

ACT 在北京、上海以及武汉、西安、杭州、昆明、重庆、广州、成都、深圳、南宁、贵阳、香港、台湾等地共设 20 个考点。

◆ 二者的区别

SAT 和 ACT 考试的差别表现在以下几个方面。

1. 考试设计模式不同

SAT 考的是推理和语言能力，多为文学内容；而 ACT 考试更像学科考试，包含物理、化学和生物等知识考查，更强调考生对课程知识的掌握，同时也考查考生独立思考和判断能力。

2. 考核部分不同

SAT 考试包含四个部分：阅读、文法、数学、写作（选考）；ACT 考试包含五个部分：阅读、英语、数学、科学推理、写作（选考）。ACT 必考部分比 SAT 必考部分多了一个科学推理部分。

3. 考试结构不同

SAT 由十部分构成，而 ACT 由四部分构成。SAT 包含三部分阅读、三部分数学、三部分写作和一个部分用作试验，试验部分在考试过程中是不标出来的。ACT 包含一部分英语、一部分数学、一部分阅读和一部分科学推理。

4. 对错误答案的处理方式不同

SAT 考试对于答错的题目倒扣分，而 ACT 对错误的答案不计分，但也不扣分。

5. 考试内容不同

SAT 的数学只包含九年级的几何和代数 Ⅱ，而 ACT 则包含三角几何；SAT 没有科学部分，而 ACT 包含科学，虽然 ACT 的科学部分也只是测验阅读图表、理解试验与科学讨论，并不是测验物理、化学和生物等方面的知识。

就阅读来说，SAT 的阅读强调完成句子、阅读理解、长段落与短段落的分析，而 ACT 则测试四篇短文的阅读力，这四篇短文分别在散文小说、人文科学、自然科学和社会科学的四个领域。SAT 考试的写作要求一篇短文，并且回答语法、用词方面的问题，而 ACT 考试的写作部分则侧重于语法。

6. 计分方式不同

SAT 考试总分从 400 分到 1600 分，总成绩是三部分的加和，满分是 1600 分。ACT 考试的总分成绩从 1 分到 36 分，总成绩是四部分的平均分，满分是 36 分。

7. 形式不同

SAT 所包含的词汇要远远多于 ACT 考试的词汇。ACT 全部是多选题，而 SAT 并不全是多选题。ACT 直接测试考生的英语语法，但 SAT 不考语法。

8. 考试频率不同

SAT 一年之内提供 7 次考试，安排在每年 3、5、6、8、10、11、12 月各一场（其中 6 月和 11 月只在北美有考次），而 ACT 在一年之内只提供 6 次，分别在 2、4、6、9、10、12 月（2 月只在北美有考次），SAT 和 ACT 的考试时间安排有点互补的意味。SAT 需要在考试的 6 个星期之前报名，而 ACT 需要在考试的 4 个星期之前报名。

9. 考试时长

SAT 和 ACT 的考试时间都在 3 个小时左右。准确来说，ACT 的时间是 2 小时 55 分钟，SAT 是 3 个小时，只相差 5 分钟。此外，这两个考试除了主体部分，都有选考的写作部分。ACT 的写作时间是 40 分钟，SAT 的写作时间是 50 分钟。

10. 考试地点不同

SAT 在我国台湾、香港、澳门等地设有考场。ACT 在中国内地设有考点，但是选择内地 ACT 考点的考生，需要在参加且完成 GAC 课程后才有资格在该中心参加 ACT 考试。所以选择 ACT 而不想参加 GAC 课程的考生建议选择中国香港及澳门等地。

目前美国大学多数选择“Test Optional”招生政策，但仍有少部分顶尖大学要求 SAT/ACT 分数。想要申请美国综合性大学 Top 20 的学校，那么考生的新 SAT 成绩需要达到 1500 + ，ACT34 + ；如果要申请综合性 TOP21—30 的学校，那么考生的 SAT 成绩需要达到 1450 + ，ACT32 + ；

如果要申请综合性 TOP31—50 的学校，那么考生的 SAT 成绩需要达到 1400 +分，ACT31 +。达到 SAT/ACT 要求并且软实力优秀的学生，会比较有机会获得该档次学院的录取。

第三节　背景提升

一、背景提升是什么

背景提升，一般是指软实力层面的提升。背景提升主要通过学生良好的科研与实习活动等，证明学生在学以致用方面达到一定的高度。简单来说，各项标准化考试对应学生的硬实力，而背景提升针对的是软实力。

背景提升是一个很笼统、很模糊的概念，锻炼的是学生团队合作、思维方式、领导能力、思辨能力等不同方面的能力。比如在学术方面，可以体现为发表论文、结题报告、会议论文、科研报告等。在实习方面，可以体现为项目含金量高、岗位重要、对项目推进有较大贡献等。其中，商科的实习可以体现为对于专业的应用能力、在团队中的角色认知、困境中的敏锐判断力等。

从本质看，背景提升是一种针对学生自身状况和预申请专业，有严谨逻辑性的经历或者方法。因此，当背景提升的内容与学生自身状况和预申请专业没有任何关联时，这种背景提升就不是解药，而是如同鸡肋一样的食物而已。

所以，当学生需要背景提升时，请审视自身和周围环境可以利用的有效条件，同时再看看未来想要达到的目标。当找到具有学术延续属性、专业实用属性、技能增加属性、自我认知属性的经历或者方式后，就能找到背景提升相关的真实情形。

注意：一定要通过头脑风暴去发现闪光点，同时需要和目标学校、目标专业有着高匹配度，否则没有什么意义。

好的背景提升服务以申请学校的需求为导向，以时间规划、专业学习方法和经验的分享为手段，在咨询过程中，针对各种问题进行实时解答，督促学生按照计划有节奏地完成相关工作，提高全方位的竞争力，助其在申请的过程中获得理想学校的青睐。

◆ 背景提升分类

就目前看，背景提升主要分为科研类、实践类、社会类、竞赛类，这几类在后面章节有详细介绍。一般学生进行背景提升有以下几种途径：

公司实习：实习是学生个人能力被认可的关键证明之一，也是个人职业规划的一个具体化。

学术科研项目、论文发表：科研能力代表着学生的钻研能力、创新能力，论文则考查学生的信息收集能力、语言组织能力、对问题研究的深度和广度。科研和论文潜在地反映学生在关注什么、学习什么、思考什么，是否能在学术研究上有所贡献。如果学生的科研项目和论文与所申请的专业相关，那无疑会大大提升自身的竞争力。

课外活动：能够充分展现学生本人的个性的活动，也是领导力、团队合作能力以及奉献精神的集中体现。招生官会通过学生参与的活动，来判断后者是否能够顺利融入大学的学习和生活环境。

竞赛类项目：竞赛包含个人兴趣特长以及学术方面比赛。在一个高认可度的竞赛项目中获得好成绩，不仅能展现学生对某一领域的浓厚兴趣，也能展现学生在该领域具有领先优势。

◆ 注重背景提升的原因

学生参加背景提升活动的目的可能有很多，但主要的因素是为了出国留学的时候，除系统申请中能填满五个奖项十个活动之外，还能让自己的履历、文书素材更加丰富多彩。最终的结果，是让学生在众多申请者中脱颖而出，即为了出国留学申请而需要参加背景提升活动。

从申请的角度讲，软性背景提升，就是为了丰富学生自身的申请材料以提升竞争力。从趋势看，大量中国学生申请美国高校，如果只用学习成绩、标准化考试成绩，美国高校很难对学生进行区分，或者说区分度不高。因此就需要多维度进行考量，这就导致了美国高校更为重视学生的背景提升。没有软性活动的经历，无论学生的标准化成绩多高，都会沦为一个缺乏竞争力的申请者。

简单来说，美国高校需要学生有课外高含金量的活动，这是学生在申请时必须提交的信息。不论是个人陈述（PS）、个人简历（CV），还是其他论文（essay），甚至课外活动表格（list）里面都需要学生展示曾经的背景提升活动。

从另一个角度看，参与背景提升活动，也是对学生自身能力的提升。一个真正有含金量的背景提升活动，至少能够提升学生在学术、知识、品德等多个软性实力的某一个方面，进而帮助其实现未来学术发展以及事业突破。背景提升的内容，一定是紧紧围绕着学业发展和事业突破两个核心点，有规划、有目标地进行，能够对学业、事业起到实际的促进作用。

学生在进行背景提升时，一定要明白几个关键点。

首先，每年申请顶尖院校的学生数不胜数，同等分数下的学生一抓一大把，分数更是高无止境。因此，只有分数，几乎无法让自己具有识别性。

其次，美国大学不缺有丰富活动经历的人。经过几轮筛选（指标准化成绩达标的人），招生官会着重考虑文书中所表现的特质。文书包括自我陈述、推荐信和活动经历，招生官就是从这些材料中去识别一个学生的特质。活动经历丰富且有特色的学生，总是他们优先考虑的。因为这至少说明这个学生对新事物的探索精神是可以被认可的，也是容易顺利毕业的——要知道，大学四年后的毕业率是影响学校排名的因素之一。

最后，背景提升是美国高校招一个国际学生的衡量标准。说到底，招一个国际学生看重的更多是他/她可以为美国学生本身带来什么。衡量标准之一，是学生在符合基本条件（标准化考试）外，有没有一颗“有趣的灵魂”。

所谓“有趣的灵魂”，就是他/她在文书中体现的特质——可以是一个充满求知欲的形象，也可以是一个追求真理的形象，更可以是一个充满社会责任感的形象。总之，“有趣的灵魂”就是能给学生带来不同文化的碰撞，也让学生更具有国际视野、人文关怀。

二、 详解科研

科研，全称科学研究（scientific research），一般是指在发现问题后，经过分析找到可能解决问题的方案，并利用科学实验和分析方法，对相关问题的内在本质和规律进行调查研究、分析等一系列的活动，为创造发明新产品和新技术提供理论依据，或获得新发明、新技术、新产品。科学研究的基本任务是探索、认识未知，并积极进行创新。

◆ 软实力要求更高

近年来国际申请人数趋增，美国英国升学人数暴涨。支持900多所美国大学申请的申请系统Common App，公布了截至2021年1月15日的美国高校的申请大数据。数据显示，共有989 063人使用Common App进行大学申请，整体人数较2020年上涨1%。而在总的申请数量上，Common App总共收到5 583 753份申请，总数上涨10%。此外，还有一些学生通过其他方式递交。截至2021年6月30日，全球共有682 010人通过UCAS系统递交2021年英国本科申请，比2020年增长4%，创下近10年来历史新高。而此次发布的数据仅统计了2021年6月底通过UCAS系统递交的申请数量，还有一些学生通过学校官网递交。

在国际生申请暴涨的情况下，生源质量不断攀升，学术能力成为重中之重。美国八所藤校之一的哥伦比亚大学，和其他美国顶尖大学一样，鼓励有学术研究经历的学生在申请中提交相关经历及收获的推荐信。该校会很看重这一经历，会作为申请的重要考量依据。英国 G5 院校中录取门槛较高的伦敦政治经济学院，在其官网上明确表示，纵使很多学生在个人陈述中描述自己的兴趣、志愿者经历等，但是他们不希望这些部分超过 20%，而 80% 甚至以上的部分都应该是学生的学术经历。

College Board 官方宣布正式取消 SAT2 和 SAT 写作考试，但 SAT 和 AP 仍是今后的重点，更灵活、更精简、数字化的 SAT 考试将受到重视。

SAT2 在美国已经存在了 20 年之久，取消原因在于他们认为这样的学科考试只能通过成绩来证明学生的知识水平，不能评判学生的创造力/智力/天赋，最重要的是无法衡量学生的学术潜力，在大学录取时没有太大的参考价值。这也意味着，科研项目（以学术能力为基础的活动）更能彰显它的魅力。

另外，加州大学、哈佛大学、哥伦比亚大学针对 2021 年的申请无分数要求，无 SAT 要求！对 2020 年冬季、春季和夏季的选课，加州大学将暂停提出分数要求。对 2021 年秋季入学的学生，不再强制要求其提供标准化考试成绩（还需要提供托福）。因此书文、课外活动和其他非分数材料就变得尤其重要！标准化成绩比重削减，招生逻辑多元化，对软实力要求更高！

◆ 如何选择科研项目

常见的认识误区有三方面：

1. 觉得科研门槛低

部分学生认为，科研的门槛很低，甚至有钱就可以做科研了。实际上，做科研需具备基础能力，并不是所有学生都适合做科研。

首先是精力分配能力，这一点会直接影响科研的完成。比如有些只能将精力专注在一件事情上的学生，其实不是很适合做科研。这是因为做科研需要花费较长的时间，短则一个星期，长则几个月，如果你中间遇到其他事情又无法两件事同时进行，会严重影响进度。

其次是探究能力，即是否想做学术探究。很多同学都会对一些事情感兴趣，但并不想花时间进行深入探究，由于缺少兴趣的驱动，这类同学也不适合做科研。

思辨能力，也至关重要。做科研需要学生提出问题，并进行假设验证，最后解决问题，整个过程都需要思辨能力做支撑。

最后，做科研还需要解决困难的能力。在做科研的过程中，总会遇到各种各样的困难，比如选题太宽泛、找不到合适的采访对象、采访被拒、仪器故障……如果因为这些问题而产生退缩，就只能收获“烂尾”科研。

2. 过于急功近利

迫切希望用科研成果为申请“添砖加瓦”，以致出现一系列揠苗助长的情况，适得其反。比如学生目前的能力和水平还达不到要求，却被“按头”做科研，最后由于解决不了遇到的相关问题，得不到成果，只能不了了之。

再比如部分家长非常迷信“学霸同款”，不考虑学生的实际情况，盲目参加科研项目，由于学生缺乏兴趣最终得不到理想的结果。因此，想要获得可以运用到申请的成果，一定要根据实际情况选择适合自己的科研项目和科研形式。

3. 低估专业引导

想要做好科研，专业导师的引导是必不可少的。曾经有一个学员，他对某专业有着高度热情，之前参加了很多活动，平时也喜欢阅读和思考，有一定的知识积累。但这位同学有一个很严重的问题——执行力和独立性不是很好，经常出现拖延的情况。他总是在找不同的理由拖延，论文阅读和报告撰写最后都没有完成。

教授的专业引导和梳理，对于科研产出有很大的辅助作用。因此，如果想保证自己的科研产出，还要接受专业学者的指导。

参与科研的条件有：

①硬指标。这包括教授所在院校层次，教授是该领域权威专家，项目属于该校强势专业。

②学生参与度。这包括项目时间分配，教授对学生的任务分配。

③学生适应度。这包括独立的学习能力，对国外大学的科研方法和学习方式的适应。

小贴士

美国高校招生核心要素

高中是为大学筛选学生的，因此更多考虑的还是学术能力方面的问题。大学是为更高研究层次和业界输送高级人才，因此学生的主动学习、自我更新、解决问题的优秀能力，是考查的重点。

三、 详解竞赛

对于想冲刺美国 Top 30 名校的学生来说，GPA、标准化成绩已经不是学校看重的录取标准。现如今，课外经历和竞赛已经逐渐成为名校申请的重要竞争条件。

本节大致讲解数学、数学建模、物理、化学、生物、商科、经济、计算机、文社科等 9 个方向，大致讲解每个方向比较重要的几个赛事，以及含金量非常高的丘成桐竞赛。

◆ 数学竞赛

1. 美国数学竞赛（AMC 竞赛，American Mathematical Competition）

AMC 竞赛分以下几类。

AMC8：American Mathematics Contest 8（美国初中数学竞赛）

AMC10：American Mathematics Contest 10（美国高中数学竞赛）

AMC12：American Mathematics Contest 12（美国高中数学竞赛）

AIME：American Invitational Mathematics Examination（美国数学邀请赛）。

AMC 的奖项设置：

参赛成绩最好的学校可获 School Certificate of Honor 证书；每位参赛者都可以获得一个参赛证书。

成绩位于所有参赛学生的前 1%，可获杰出荣誉证书；成绩位于所有参赛学生的前 5%，可获荣誉证书。

在参赛学校中成绩最高的学生会得到一个证章；分数排在参赛学校前 3 位的学生会分别得到金、银、铜证书。

六年级和六年级以下的学生成绩达到一定水平可得到鼓励证书。

以上所有证书均由美国数学竞赛委员会主任和竞赛总监签字颁发。

2. 美国数学大联盟思维探索活动（The Math League）

美国数学大联盟思维探索活动，是美国及北美地区具有卓越影响力的中小学数学思维探索研学活动，也是一项具有全球影响力的中小学数学思维探索研学活动。第一届探索活动于 1977 年举行，至今已经连续举办了 40 余届。活动意图是让学生理解数学、欣赏数学，激励学生创新，激发学生学习数学的兴趣，培养学生主动探索的精神。

每年举办一次，分为第一阶段、第二阶段和研学嘉年华三个阶段。第一阶段活动试题灵活、生动，富有趣味性，同时也贴近生活。

3. 袋鼠数学思维挑战活动

袋鼠数学思维挑战活动，由澳大利亚著名数学家于 1980 年发起。1991 年，法国两位著名数学教育家成立正式竞赛组委会并在欧洲推广该项赛事，为了致敬澳大利亚数学家，将该竞赛正式取名为“袋鼠数学竞赛”，全球组委会总部位于法国巴黎。

不同于传统数学奥赛强调的高难度和挑战性，袋鼠数学竞赛宗旨是用有趣生动、接近生活的题目，激发孩子们数学学习兴趣及自信，培养学生数学思维，训练学生阅读、理解、分析和解决问题能力，适合各年级各种数学水平同学参加。因此，袋鼠数学竞赛逐步风靡世界，成为全球极具规模的青少年国际数学竞赛，在 87 个国家和地区举办，每年超过 630 万学生参加。

传统数学强国例如俄罗斯、德国每年分别有 100 万左右青少年参赛，法国、巴西、捷克、波兰等国每年分别有超过 30 万青少年参赛，西班牙、奥地利、荷兰、瑞典等国家分别超过 10 万青少年参赛。袋鼠数学竞赛在美国已经有超过 20 年举办历史，每年参赛人数快速递增，尤其在亚裔人口较多的加州每年考位一位难求。

4. 北美驯鹿数学竞赛

北美驯鹿数学竞赛（Caribou Contests）是一个获得加拿大数学会官方支持的全球线上数学竞赛，由加拿大著名数学教授 Thomas Wolf 发起。每个学年共举行 6 次（2、3/4、5/6、7/8、9/10 和 11/12），竞赛日共有提供 6 场竞赛，每场针对不同年级学生，并且每场都有英语、法语、波斯语三种语言可供选择）。

驯鹿杯（The Caribou Cup）包含一整个学年里所有 Caribou 系列，作为积分赛，每年 10 月到来年的 5 月，每个学生的排名由 6 场比赛中成绩最好的 5 场比赛的成绩积分排名，为学校数学兴趣社团活动与数学课外延伸学习提供了很好的平台。该竞赛并不专注于“难”题，而是通过“交互式”的新颖有趣的问题，激发学生对数学的兴趣，提高学生的问题解决能力。北美驯鹿数学竞赛从发起至今，迅速风靡全球 29 个国家，每年有 16 万名考生同台竞技，全球统一排名。

5. 欧几里得数学竞赛

欧几里得数学竞赛（Euclid Mathematics Contest）是加拿大滑铁卢大学（University of Waterloo）的数学学院为全球高中生举办的数学竞赛，是加拿大最具认可度的数学竞赛，含金量极高，对以后申请以数学和计算机著称的滑铁卢大学和该大学的奖学金很有帮助。滑铁卢大学拥有加拿大唯一也是北美最大的数学学院。

滑铁卢大学的数学学院不仅有优质的教育，还有带薪实习（co-op）项目，所以吸引着来自世界各地的优秀学生。对于有意向申请加拿大本科的同学，在欧几里得数学竞赛上取得好成绩是数学能力最好的体现。尤其对于滑铁卢大学来说，欧几里得数学竞赛分数比 AMC 竞赛分数更有说服力，是申请滑铁卢大学数学学院录取和发放奖学金的重要参考标准之一。当然，该竞赛对于申请美本的同学来说，也非常有参加的价值。

6. 美国区域数学挑战活动（ARML）

美国区域数学挑战活动，原名美国区域数学联赛（American Regions Mathematics League，ARML）于 1976 年成立，如今，已经发展成全美历史最长、影响力最大的团体赛制国际数学竞赛之一。ARML 每年美国每个州都有上千名学生和教师参与，因此得到美国众多著名科技公司和顶级教育机构的支持。

ARML 的竞赛以针对高中生的团队赛为主，包括区域赛（Local）、晋级挑战赛（Power Contest）与国际赛（International）。区域赛在各个城市由各个学校组织，所有对数学感兴趣的学生均可报名；晋级挑战赛将邀请在区域赛中排名靠前的团队参与；国际赛主要在宾夕法尼亚大学、佐治亚州立大学、爱荷华大学举办，并在早些时候从位于拉斯维加斯的内华达大学开始。

7. 杜克数学大会（DMM）

杜克数学大会（Duke Math Meet，DMM）由杜克大学数学联盟（Duke Mathematics Union，DUMU）成立并负责赛事的组织，由杜克大学数学系赞助，是针对高中生的区域性数学赛事。经十几年的发展，已经逐渐吸引了大量的学生参与，不仅在美国本地获得了越来越多的关注，更在国际上声名鹊起。

2012 年，DMM 正式进入中国，每年有来自全国各地超过 20 所学校的学生参与。参赛选手的逻辑思维能力和英文能力，非常有助于申请杜克大学（Duke University），成为简历中非常亮眼的一笔。

8. 英国数学奥林匹克竞赛（BMO）

英国数学奥林匹克竞赛（British Mathematical Olympiad，BMO）是英国数学基金会组织（United Kingdom Mathematics Trust，UKMT）的旗

下针对高年级中学生的竞赛项目。UKMT 作为英国规模最大的数学竞赛组织单位，每年会为 11 ～18 周岁的学生举行不同年龄层的各项竞赛，主要侧重于考查学生的数学能力和逻辑推理技巧。

BMO 作为 UKMT 旗下难度最大的竞赛项目，每年邀请 1000 位左右拥有数学天赋的学生参加竞赛，并为国际数学奥林匹克竞赛（International Mathematical Olympiad，IMO）选拔英国国家代表队。想要参加 BMO 的学生需要先成为 UKMT 旗下的高年级数学个人挑战赛（Senior Mathematical Challenge）的优胜者，才有机会获得 BMO 的邀请。

◆ 数学建模竞赛

1. 美国高中数学建模竞赛

美国高中数学建模竞赛（High School Mathematical Contest in Modeling，HiMCM）是由美国的一个非营利机构——美国数学及其应用联合会（COMAP）主办的一项国际性的数学竞赛活动。

HiMCN 始于 1999 年，近年来在世界范围内迅速流行，成为全球高中生的一项重要赛事。这项竞赛是在美国大学生数学建模竞赛取得成功的背景下，借鉴了大学生数学建模竞赛的模式，结合中学生的特点进行设计的。HiMCM 以团队合作的形式进行，目的是提高参赛高中生的在团队中的解决问题能力和写作技巧。

HiMCM 参赛队伍最多由四人组成，2019 年 HiMCM 已经取消 10 天的时间限制，在 13 天内完成论文即可。

2. 丘成桐经济金融建模奖

2018 年丘成桐中学科学奖（后续简称“丘奖”）在原有数学、物理、化学、生物、计算机五大奖项基础上，又一次有大动作：增设经济金融建模奖。

丘奖的经济金融建模奖是由清华大学经济管理学院和上海财经大学经济学院分别承担北方、南方分赛区的赛事组织工作。

经济金融建模奖的设立与前 5 项竞赛科目一致，均采用研究报告的形式参赛，旨在从中学阶段鼓励学生对经济金融的兴趣，帮助培养和发掘对经济金融研究有兴趣和能力的顶尖学生，促进这些学生提前掌握经济金融建模方面的知识和研究能力，为未来走上该行业的道路做准备。

物理竞赛

1. 英国物理奥林匹克竞赛（BphO）

英国物理奥林匹克竞赛（British Physics Olympiad，BphO）始于1979年，至今已有40多年的历史，每年英国本土超1600位有天赋的青年物理学家参赛。1983年起，BphO正式为英国选拔国家代表队，主要由牛津大学、英国物理学会和Odgen基金会组成，办公室设在牛津大学物理系。BphO非常注重物理知识的灵活运用，全部的试题为证明题。参赛者需运用自己所学物理知识完成挑战，其涉及的知识点非常广泛。考试不要求同学们完成所有试题，而是鼓励同学们根据自己兴趣和学习范围选择完成自己擅长的部分。英国国籍的优秀选手将代表英国组成国家队参加国际物理奥林匹克竞赛（International Physics Olympiad，IPhO）。

2016年，英国物理奥林匹克竞赛被正式引进中国，通过该赛事，中国学生与英国学生将有机会同台竞技，统一考试，试卷送牛津大学物理系统一评分，同等争取英国物理奥林匹克竞赛全球金银铜牌。虽然中国籍选手不能入选英国物理奥林匹克竞赛国家队，但是BphO中国赛区的获奖者还是有机会获邀参加选拔英国物理奥林匹克竞赛国家队的英国物理奥林匹克竞赛集训营（中国赛区）。

2. 普林斯顿大学物理竞赛（PUPC）

普林斯顿大学物理竞赛（Princeton University Physics Competition，PUPC）是一项面向全球高中生的物理学科竞赛，由普林斯顿大学的本科生组织举办，受到美国普林斯顿大学物理系及天体物理科学系的支持。PUPC旨在为全球高中生提供展示自己非常规的物理问题的解答能力以及学习当下物理领域中最前沿的研究的能力。本竞赛涵盖一些具有挑战性的题目，内容从经典力学到现代研究前沿，要求参赛者在规定时间内答题，锻炼参赛者对物理之美的内在直觉。

从2015年迄今，PUPC逐渐设立了共3个国际赛事分场：中国深圳的南方科技大学（SUSTC）、德国盖伦基兴校区（Geilenkirchen）的亚琛应用科技大学（Freshman Institute of FH Aachen）以及斯洛伐克伯拉第斯拉瓦地区夸美纽斯大学（数学、物理与信息学院）［Bratislava Comenius University（Faculty of Mathematics，Physics and Informatics）］。

3. 美国高中物理竞赛（Physcis Bowl）

美国高中物理竞赛（Physics Bowl）由美国物理教师协会举办，该协会是美国唯一专注于普及与提升物理教育的学术机构。协会每年都会通过会议、论坛、杂志、竞赛等方式为美国大学与高中物理教育提供最新的物理前沿思想与更丰富的物理教育资源。

4. 加拿大滑铁卢牛顿物理思维挑战活动（SIN）

加拿大滑铁卢牛顿物理思维挑战活动（Sir Isaac Newton Exam，SIN）诞生于1969年，由滑铁卢大学物理系主办，旨在激发大家对物理的兴趣。近年来，加拿大以外的国家参与人数大幅增长，国际影响力也逐步上升，题型新颖，与当下时事相结合，趣味性强，富有挑战性，是加拿大极具影响力和挑战性的物理思维挑战活动。

◆ 化学竞赛

1. 英国化学奥林匹克竞赛（UKChO）

英国化学奥林匹克竞赛（UK Chemistry Olympiad，UKChO）由全球最具影响力的化学学术组织之一英国皇家化学学会（Royal Society of Chemistry，RSC）主办，迄今已有50年历史。UKChO在一个有175年历史的非营利组织RSC的带领下，已经发展成为英国历史最久、学术最强、影响力最大的高中化学竞赛，旨在为优秀高中生提供一个校内化学课程的延伸空间，培养他们的化学思维与能力，为进一步进行大学学术性学习和研究做好准备。

2018年，UKChO被正式引入中国，为中国学生的化学学术活动提供更多的选择，并为中国学生与英国学生同台竞争全球金、银、铜牌提供了平台。而对于申请海外大学的学生来说，参加该项赛事，可以增加申请英国名校乃至世界名校理工专业的竞争优势。

2. 美国化学奥林匹克竞赛（USNCO）

美国化学奥林匹克竞赛（U. S. National Chemistry Olympiad, USNCO）由美国化学学会（American Chemical Society, ACS）自 1984 年开始举办，是美国极具影响力的高中化学竞赛，旨在通过该竞赛激发培养新一代年轻人对学习研究化学的兴趣和潜能。作为美国顶尖赛事之一，该竞赛每年有近 16 000 名美国学生参赛，且参与此竞赛的最优秀的选手将代表美国参加国际化学奥林匹克竞赛（International Chemistry Olympiad, IChO）。

2018 年，美国化学奥林匹克竞赛被引进中国，虽然中国籍学生不能进入复赛参与美国国家队的选拔，但是成绩优秀者可以增加未来申请美国理工科专业的优势，更有机会获得国际顶级科学类活动的邀请。

3. 加拿大化学思维挑战活动（CCC）

加拿大化学思维挑战活动（Canadian Chemistry Contest，简称 CCC）由加拿大化学学会（Chemical Institute of Canada ，简称 CIC）主办，是加拿大具有学术性权威的化学竞赛之一。同时，CCC 也是加拿大化学奥林匹克竞赛（Canadian Chemistry Olympiad，简称 CCO）的全国选拔预选赛，成绩优秀者可以获邀进入加拿大化学奥赛全国决赛，从而入选加拿大化学奥赛国家队并参加 IChO（国际化学奥林匹克竞赛）。

加拿大化学学会（Chemical Institute of Canada，CIC）是全球著名的权威化学学术机构之一，由加拿大化学协会、加拿大化学工程协会和加拿生物化学协会三大化学组织组成。CIC 的宗旨是用化学创造现代美好生活，重点关注化学对生态环保、生活健康、经济发展的促进作用。CIC 每年都会举行各种形式的化学竞赛活动，旨在提高公民的科学素养，激发青少年对化学学习的兴趣。这些活动受到了各地政府、高等院校、高中及一些非营利性科学组织的广泛支持。

生物竞赛

1. 美国生物奥林匹克竞赛（USABO）

作为美国针对高中生的顶级生物学竞赛，美国生物奥林匹克竞赛（The USA Biolympiad，USABO）2016 年被首次引入中国。采用同样评审标准，帮助中国高中生提高生物学科学习的同时，为成绩优秀者申请美国顶级大学理工科专业提供有力的竞争优势。获奖同学可获得参加国际顶级科学类活动的邀请。

美国生物奥林匹克的主办方为美国精英教育中心（Center for Excellence in Education，CEE）。CEE 为非营利教育学术机构，于 1983 年成立。作为美国生物奥林匹克组委会，CEE 每年为美国挑选和培训生物奥林匹克国家队参加国际生物学奥林匹克竞赛（IBO）。

2. 英国生物奥林匹克竞赛（BBO）

英国生物奥林匹克竞赛（British Biology Olympiad，BBO）由全球最有影响力的生物学术组织之一——英国皇家生物学会（Royal Society of Biology，RSB）于 1995 年设立，至今已经有 20 多年的历史。BBO 作为英国中学历史最长、影响最大的理科竞赛之一，每年有近万名高中生参与竞争排名。

优胜者除了可以直接获得英国生物奥林匹克竞赛金银铜牌，还可以大大增加世界名校的医学、生物等理工科专业申请优势，获奖者还将有机会获得国际顶级科学类活动的邀请。每年，英国通过 BBO 选拔优秀的高中生组成英国生物奥林匹克竞赛国家队，参加国际生物学奥林匹克竞赛（International Biology Olympiad，IBO）。

3. 国际脑神经科学大赛（International Brain Bee）

国际脑神经科学大赛于 1999 年由创始人 Norbert Myslinski 博士成立，是一项面向全球中学生的学科竞赛，旨在激发学生对研究人类大脑的兴趣，激励他们在未来可以从事神经科学事业，以帮助治疗和寻找治疗神经和心理疾病的方法，改善人类健康和生活水平。

商科竞赛

1. 沃顿高校投资竞赛

沃顿高校投资竞赛（Knowledge at Wharton High School Investment Competition）是一个全球性完全免费的网上竞赛，面对 9—12 年级的中学生以及教师开放，考验学生的合作能力、沟通能力，以及其面对风险的时候是否可以做到多样性的投资，考验学生对公司和行业的了解。

2. 全国领导力会议

美国未来商业领袖组织［Future Business Leaders of America-Phi Beta Lambda, Inc.（FBLA-PBL）］作为全球最大的学生职业和商业组织，每年帮助了超过 23 万名学生规划商业未来。如今，FBLA 在美国、加拿大、中国等拥有超过 6400 所成员学校，每年都会举办各类商业精英活动和竞赛并出具参赛证明、获奖证书等。

全国领导力会议在美国政府的《Carl D. Perkins 职业生涯教育法案》中被列为教育部官方开展的项目，且被美国中学校长联合会（National Association of Secondary School Principals）列为中学校长推荐参加的学生竞赛和活动，在美国大学中拥有极高的认可度。

全国领导力会议（National Leadership Conference，NLC）作为 FBLA 旗下的一个商业竞赛，是美国高中影响力最大的赛事之一。中国学生在参加美国总决赛之前，需先参加中国赛区的选拔，成绩名列前茅者将有机会获得美国 FBLA－NLC 总决赛的邀请函，与全球优秀学生进行实力的比拼。中国区的竞赛内容包括市场营销、经济学、管理学等多个商科方面的内容。该竞赛每年由 FBLA 美国总部命题，强调学生商科基础知识的学习和商业问题的分析。

3. 全球创新研究大挑战（CTB）

全球创新研究大挑战（China Thinks Big，CTB）最早在 2012 年由哈佛商学院和清华大学经管学院学者联合启动，是以学术研究和社会实践推动创新的国际级别高中生创新挑战。CTB 旨在通过学生自主探究的项目式学习（student-driven project-based learning）、项目研究和落地实践，锻炼高中生的核心素养和综合能力，让学生看到更大的世界，并从小事着手、身体力行，从而强化其自主探究精神，提升与大学接轨的程度（college readiness）和创新能力，培养在全球化背景下更开阔的本土情怀与国际视野。10 年以来 CTB 联合耶鲁、斯坦福、清华、北大等数十所国内外顶尖大学教授，诺贝尔奖、普利策奖得主与各领域专家学者，向世界范围中学生提出研究话题和创新挑战。

4. 商业全能挑战（BPA）

商业全能挑战（Business Professionals of America，BPA），被授予美国教育部（USED）和生涯规划教育协会（CTSO）官方认证，并由中学校长联盟（NASSP）推荐，是针对商业管理、财务会计、信息技术等方面全球领先的中学生商科学术活动。

自 1966 年成立以来，BPA 在全球已拥有 1800 多个社团，每年新增 45 000 名参与学生，参与学生得到来自微软、惠普、希尔顿等名企的广泛认可。BPA 将提供国际公认的商科教育及领导力培养路径来赋能商业和信息技术教育，并与数十家国际 500 强企业合作。积极参与 BPA 学术及教研活动的学校及教练均可获得 BPA 官方认证。

5. 中学生投资挑战（SIC）

中学生投资挑战（Student Investment Challenge，SIC），由美国经济教育学会*（Council for Economic Education，CEE）官方认证，由 AC-ME（America-China Modern Economics Society）提供学术专业支持，由 SKT 思珂特教育在中国运营。它帮助中国学生深入浅出地了解金融领域的基本面及专业面知识，提高数据处理和定量分析的硬性实力。

迄今，SIC 共有来自上百所中学的上千名同学参与。第三季区域站冠军队伍队长于同学，作为青年代表在“直击 2020 巴菲特股东大会”

---

* 美国经济教育学会是经济与金融教育的学术机构，自 1949 年由美国总统经济顾问委员会发起至今，已有 70 多年历史。CEE 为全美 50 个州提供海量教学资源、顶级学术平台及系统教学培训，每年有近 55 000 位教师、超过五百万位学生从中受益；是美国 K12 财经素养标准（Voluntarv National Content Standards in Economics and Personal Finance）的制定者，亦是华尔街各大财经集团、全球知名企业（穆迪、普华永道、花旗银行、彭博等）的重要合作伙伴。

上，与百万投资者分享投资观念。第四季全球站优胜团队王同学、修同学也受邀作为百度直播“特邀财经评论员”，参加“直击巴菲特”节目。

6. 钻石挑战赛

钻石挑战赛（The Diamond Challenge）于2012年创立，由特拉华大学创业计划（Horn Entrepreneurship at the University of Delaware）主办，致力于培养下一代的企业家精神，将创业的职业发展道路呈现给高中生，为他们提供一个了解创业过程的机会，帮助他们将想法和创意付诸行动。如今，已经有来自35个国家超4000名学生参与这个竞赛。

◆ 经济竞赛

1. 全美经济学挑战赛（NEC）

全美经济学挑战赛（National Economics Challenge，NEC），是美国最具影响力的高中生经济学竞赛，由美国经济教育学会（Council for Economic Education，CEE）举办。经过20余年的发展与积累，每年有超过15 000名学生受邀参与。在2016年引入中国后，该活动已覆盖20多个省份、300余所学校，数千名学子从中受益。其学术活动得到华尔街知名金融机构、全球顶尖大学的广泛支持和认可。

2. 国际经济学奥林匹克（IEO）

国际经济学奥林匹克（International Economics Olympiad，IEO）由多所大学组成的联合委员会主办，其中包括经济学和计量经济学专业在俄罗斯排名第一的俄罗斯国立高等经济学院。IEO是13项国际科学类奥林匹克竞赛之一，是为高中生举办的一年一度的经济学盛会，旨在鼓励对经济学、财务和商业感兴趣的学生，激发他们用创造性方式解决问题。IEO由诺贝尔经济学获奖者、哈佛大学教授Eric Maskin担任理事会主席，2018年起正式举办。

3. 马歇尔学会经济论文竞赛

马歇尔学会经济论文竞赛（Marshall Society Essay Competition）是剑桥大学经济学会马歇尔学会（Marshall Society）举办，针对全球A-Level、IB以及与之同等资质课程的学生，为这些学生提供了一个展现逻辑和说服力的平台。论文重点强调合理解释经济理论以及论点，并借鉴相关的现实证据。建议参赛者尽量把文章写得简明扼要，文章字数要求为 1500 字。

4. 学生论文竞赛（IEA）

学生论文竞赛（Student Essay Competition，IEA）是由英国自由市场智库（Institute of Economic Affairs，IEA）主办的。IEA 成立于 1955 年，目的是通过分析和阐述市场在解决经济和社会问题中的作用来提高对自由社会基本制度的理解，至今已经与世界上许多顶级经济学家（如诺贝尔经济学家）合作，已发布了 12 位诺贝尔奖获得者的论文和书籍。

◆计算机竞赛

1. 美国信息学奥林匹克竞赛（USACO）

美国信息学奥林匹克竞赛（USACO）初次举办于 1992 年，其官网是美国一个著名的在线题库，更是美国中学生的官方竞赛网站，开设目的是为每年夏季举办的国际信息学奥林匹克竞赛（IOI）选拔美国队队员。

随着 STEM 教育理念的普及及编程低龄化、普及化的发展，USACO 的参赛人数越来越多，热度越来越高。因为编程的门槛相比数理化学习较高，USACO 难度和含金量实际会略高于同类型的 USAMO（美国数学奥赛）、USNCO（美国化学奥赛）等学科奥赛。

此外，因为有大量的学生参加热门的 USAMO、USNCO 等竞赛，所以 USACO 相对来说并不是绝对的红海，在中国的高中生中普及度并不高，换言之，参赛选手少了，获得荣誉的人少了，含金量自然更高。对于申请美本工程学科的高中生来说，在 USACO 中获得金或者白金级别的奖项，绝对是提高竞争力的“大杀器”。

◆ 文社科竞赛

1. 约翰·洛克论文竞赛（John Locke Essay Competition）

约翰·洛克学院（John Locke Institute）是位于英国牛津的独立教育

组织，与英国牛津大学和美国普林斯顿大学等名校教授合作组织学术项目。竞赛的评审全部来自英国牛津大学，参赛对象为全世界范围内思考能力最强的中学生。在比赛中体现差异化可以大幅提升美国和英国大学本科申请竞争力。往年参与学生曾被普林斯顿大学、哈佛大学、耶鲁大学、斯坦福大学等世界名校录取。

2. 纽约时报夏季读写比赛

纽约时报夏季读写比赛（New York Times Summer Reading Contest），是《纽约时报》从2010年起每年夏天都会举办的竞赛。该竞赛邀请世界各地的中学生一起阅读《纽约时报》文章，发表自己的见解，旨在激励中学生洞察身边的世界，思考自己在世界中的位置，并通过写作来提升传达自身想法的能力。

目前，全球已有超过5万名的中学生参与到该竞赛中。每一年优秀学生作品也都会被发表在《纽约时报》官方网站上。

3. 国际语言学奥林匹克竞赛（IOL）

国际语言学奥林匹克竞赛（International Linguistics Olympiad，简称IOL）是全球13项科学类奥林匹克竞赛之一。它是一项“起点公平”，不拘于文科、理科，无需知晓深厚的语言学理论的语言逻辑学竞赛。IOL是13项国际科学奥林匹克竞赛之一，为MIT本科官网推荐竞赛之一，有40余个国家参与其中，是世界广泛认可的国际赛事。每年在不同国家举办。

2019年中国正式加入国际语言学奥林匹克竞赛，为中国学生成长为全球化人才打开了一扇门。

4. 丘成桐科学奖

丘成桐科学奖（Yau Science Awards）是由中国著名数学大师丘成桐先生于2008年为全球华人中学生设立，原先仅有数学一类奖项，如今，历经十年后，已发展出数学、物理、化学、生物、计算机五大科学类学科竞赛。其理念为倡导中学生发展创新思维和团队合作能力，以团体研究报告的比赛形式，激发和提升中学生对科学研究的兴趣。

每年累计有1200余所学校、5800余支队伍参与此场科学界的盛宴，其覆盖国内28个省、直辖市、自治区和北美、新加坡等多个海外地区。每组参赛队需在比赛时提交研究题目和大纲，然后进行独立研究并在最终提交研究报告。前期将经过至少三轮的论文评审，通过后才有资格进入决赛。而进入决赛并不能让学生松一口气，反而需要学生面对更加激烈的竞争压力，因为此时他们要经过来自国际顶尖高校的由20多位教授组成的评审团的评定，并进行英文答辩。

这是个巨大的挑战和锻炼，不仅对学术能力提出要求，更对英语能力提出要求。

四、 详解课外活动

课外活动（Extra-curricula Activities），是学生在课程大纲学习之外所进行的其他活动。在申请材料中，课外活动能直观地表现学生的课外精力分配到什么事情上，反映出学生的爱好、特长、个性特征等。因此，活动是在学习能力之外，综合判断学生形象的有力辅助材料。

◆ 聚焦课外活动本身

在申请系统中，课外活动是填写在一个表格中的，叫做Activity List。在这个表格中，学生要填写参加该活动时的职位、活动组织或项目名称、参与活动的年级及时间段，以及参加该活动的频率和平均时长。依据以上信息，招生官能细致地判断出学生参加活动时的角色、投入度、成果、持续性。当然，用文字清晰地描述活动本身也是表达水平的一种测试。

Common Application上的活动列表将学生的所有活动分类，分类细致全面。只要是学生花费了时间、精力所做的活动，都会被列为这些类型之一。

注意，这些活动类型不是事先用来要求学生的，而是用来事后指导学生填写申请表格的。这也意味着，从填写角度看，各项活动类型之间是平行关系。任意一项活动都有持久性、辐射性，都能表现出学生某个角度的特质。而且该类型活动，都有可能有其顶尖水平或影响力。因此，任何类型的活动，都能表现学生的品质，都能为学生的申请增添优势。

当然，对于课外活动没有概念或做了一些活动但仍然处于混乱的学生而言，在规划之前了解这些类别，对自己已有活动做一下归类定位也有指导意义。同时，对后续的活动规划和申请也不无裨益。

◆ 活动解析

以下为活动的简单翻译与解释：

活动名称	活动内容
学术类活动（Academic）	与学术科目相关，以学习交流为主的活动，包括数学社、物理社、英语角等
艺术类活动（Art）	主要指美术类、音乐类的活动
体育社团（Athletics：Club）	如篮球社团、羽毛球社团等，也有健身社团
体育校队（Athletics：JV/Varsity）	经过选拔而代表学校的体育校队
职业探索类的活动（Career Oriented）	某职业体验式的活动，或者针对领导力、创业精神的一些培训
社区服务/志愿者类活动（Community Service/Volunteer）	社区内的义卖、图书馆、卫生、教育、文化等活动
计算机/技术类（Computer/Technology）	如编程社、计算机社团，技术类的如汽车研究社团
文化类（Cultural）	国家性的、地域性的、民族性的文化类活动
舞蹈类活动（Dance）	如街舞、民族舞、芭蕾等
辩论演讲类活动（Debate/Speech）	如校内的演讲比赛、辩论社团、模联、活动主持等
环保类活动（Environmental）	比如资源回收、垃圾分类、公共地区的垃圾清理等
家庭责任类活动（Family Responsibilities）	如家庭出现重大变故，需要学生用较大精力时间来承担救护、照看事务，较为少见

续表

活动名称	活动内容
对外交流类活动（Foreign Exchange）	跨国的交换生经历，或异国打工体验类活动
外语社团（Foreign Language）	如正常英语课程之外的日语、法语等社团或活动
实习类的活动（Internship）	特指不带薪的实习，一般职务会是助理
新闻出版类活动（Journalism/Publication）	校园电视台、小记者、校报、广播站等
器乐类活动（Music：Instrumental）	如小提琴社团、口琴社、吉他社等
声乐类活动（Music：Vocal）	如校园演唱比赛、声乐社团、合唱团等
宗教类活动（Religious）	如庙会、教堂等宗教服务类活动，一般是作为组织和运营志愿者，而不是作为信众
研究类活动（Research）	这类活动一般会有研究过程和产出研究结果
机器人相关活动（Robotics）	如人工智能、机器人社团等，以设计、参赛、教学为主
学校精神（School Spirit）	一般为带有礼仪性质的，代表校方参加校内外活动
科学/数学类的活动（Science/Math）	主要有数学、物理、化学、生物等
社会公正类活动（Social justice）	如救助流浪汉、帮助五保户等活动
学生会活动（Student Govt./Politics）	如学生自治团体，主要指学生会
戏剧/话剧类活动（Theater/Drama）	如戏剧社团、歌舞、话剧表演
工作类（带薪酬）的经历[Work（Paid）]	有报酬的工作都算入这一类，无论是全职还是兼职
其他类型的活动或经历（Other Club/Activity）	不能归类到以上种类中，或活动过于综合，无法分辨属于哪种类型

以上这些是 Common Application 对活动的分类。另外，University of California Application（UC Application）将课外活动简单地分为五类：教育准备类（educational preparation programs）、课外活动类（extracurricular activity）、其他课程类（other coursework）、志愿者/社区服务类（volunteering/community service）、工作类（work experience）。

相对于 Common Application，UC Application 的分类更为抽象。

五、美国夏校介绍

自疫情发生以来，美国名校纷纷推出了“申请去标准化”的招生政策。如何在激烈的竞争中做出差异化的背景提升，成为很多学生和家长最关心的话题。其中，选择一所含金量高、录取率低的夏校（Summer School）成为很多学生的不二选择。

◆ 夏校介绍及课程类型

在早期，夏校是美国学校为学生提供暑期学习机会而设置的。其目的在于让学生能够利用暑假的时间完成一部分课程，提前修得学分，并提前完成学业。随着国际化进程的加速，现在已经有越来越多的美国学校接受海外学生参加夏校项目。这使得海外学生也能够利用假期体验美国一流大学的校园生活，同时丰富个人的国际化背景，提升各方面的软实力。

夏校以学为主，其在课程安排、教学方式与该学校的日常课程相同，吃、住、学都在校园内。这能够让学生全方位体验原汁原味的海外学校生活和校园文化。高含金量的夏校意味着美国名校亲自授课，让学生在高中阶段沉浸式体验美本教育的学术节奏。

此外，夏校为学生提供了一个短期内修得名校学分的机会。学生可以选修自己感兴趣的专业进行深入学习，锻炼自身的思辨能力，对今后大学的面试大有帮助。同时，学生可获得学校颁发的学分证书，在未来正式留学后可以实现学分转换，免修相关的课程。更重要的是，学生有机会获得国外教授含金量很高的推荐信，为自己增加未来留学申请的筹码。

夏校的课程，主要分为学分课程、非学分课程以及语言课程。其中，学分课程对申请者的要求比较高，申请者需要有好的英文水平和标准化成绩，适合有明确留学意愿的学生参加。大多数非学分课程不需要学生提供标准化成绩，其申请难度和竞争难度没有学分课程高。学生可根据自己的兴趣爱好任选课程学习。考试成绩合格且课程结束时，部分学校会颁发相应的结业证书。语言课程则是针对国际学生开设的课程，旨在全面提高学生在英语方面的听书读写能力。

◆美国顶尖夏校一览

1. 数学类：美国顶尖数学夏令营（SUMac）

斯坦福大学数学夏令营（SUMaC）开始于 1994 年，1995 年招收了第一批共 12 名学生。到目前为止，SUMaC 项目已经开展了 20 多年。从项目早期开始，SUMaC 为了保证参与项目的学生都能得到足够多的关注和收获，严格限制 40 人的招生人次。2020 年新冠疫情暴发后，SUMac 将课程转为线上课程，成功延续了让学生深入、有意义地探索数学的传统。线上课程主要设计了两期课程，一共招收 60 名学生，每期 30 位学生。

SUMaC 较长的项目历史、有限的招生人数、高质量的项目内容，使得 SUMaC 成为北美地区影响力最大的数学项目制夏校之一。目前参与者已遍布 50 多个国家和地区，影响力巨大。

2. 人文类：耶鲁全球青年学者项目（Yale Young Global Scholars）

耶鲁全球青年学者项目成立于 2001 年，是一个具有挑战性、培养高中生领导力和全球视野的 2 周非学分型夏季项目。其覆盖人文社科及科学主题，具体分为 4 个主题课程，分别是：政治、法律与经济（Politics, Law & Economics）；文学、哲学与文化（Literature, Philosophy & Culture）；解决全球问题（Solving Global Challenges）；科学和科技中的创新（Innovations in Science & Technology）。

在 2 周的项目期间，每个学生只能参加其中一个主题的课程。课程形式为主题讲座（lectures，由耶鲁大学教授和各行业顶尖从业者主持）、小组讨论（breakout sessions，针对讲座中的主题展开讨论、辩论）、研讨会（seminars）、个人课题研究（capstone project）、同辈社交与学习（family time & simulation，和不同背景的同学一起解决社会问题）、创新企业家演讲（impact panel，围绕用创新方法创造社会影响力）。

3. 新闻类：西北大学新闻学暑期项目（Medill Cherubs Journalism Programs）

西北大学新闻学暑期项目是美国最著名的新闻学夏校，对高中生开放，招收学生不超过 84 名，于 1934 年由西北大学新闻传播专业、媒体专业及整合营销专业共同推出，为期 5 周。其主要授课内容是新闻写作，引导学生认识到新闻写作不能仅局限于传统意义上的纸笔创作，同时还与数字媒体紧密相关。

4. 综合类：宾夕法尼亚夏季学术项目（UPen Summer Academies）

宾夕法尼亚大学位于宾夕法尼亚州的最大城市费城，是一所全球顶尖的私立研究型大学，著名的八所常春藤盟校之一。宾大夏季学术项目，是宾夕法尼亚大学旗下暑期项目之一。整个暑期项目为期 3 周，融合了复杂的先进科学及社会理论的相关应用。

虽然该项目没有学分，但其丰富且科学的学术内容利用了宾大尖端科技和资源，为所有参与的学生提供创新性的实验体验。而社会学术方面的内容则利用了费城悠久的历史，为参与的学生提供了一个全面的社会性的夏校体验。

每年的 11/12 月份，是美国夏校申请的高峰时期。夏校申请好比一个缩小版的美国本科申请，所需要的申请材料如成绩单、活动背景、文书和推荐信都是需要正常提交的。参加夏校主要是为增强学术履历背景，帮助学生更好地探索专业兴趣。

不少中国家长在夏校的选择上，会带有名校情结。其实在申请夏校的过程中，不建议唯名校论。应该从夏校的举办方、学分情况、学术水平、申请难度和时间长度等方面，来综合选择。因此，选择夏校也应该是选择最适合学生的。比如标准化成绩很不错的学生和还在挣扎考标化的学生，自然对夏校的需求也不一样。而且不同年级的学生，对于夏校选择的标准也是不一样的。

第四节　选择专业

一、如何选择更合适的专业

针对 GPA、标准化成绩做好准备，并强化自身的背景后，学生在申请前的相应工作其实完成得已经差不多。接下来至关重要的事宜，是学生要确定自己在留学期间想要攻读的专业。

看着五花八门的专业，即将上大一的学生或许会感慨：选个专业为什么这么难？而大二、大三的学长学姐则会感叹：请再给我一次重选专业的机会……专业选不好，会让学生非常“痛苦”。这不是危言耸听，专业总是会让学生万分纠结。美国教育咨询委员会调查超过 78 000 名大学生发现，20%～50% 的大学新生入学时没选定专业，而超过 80% 的大学生在大学期间至少换过一次专业。

这也意味着，赴美留学时要对专业的选择持慎重态度。学生在选择专业时，既要兼顾自己的兴趣，让自身有积极主动学习的动力，还要考虑到底什么类型的专业才符合未来趋势、有更大的成长空间等。

学生如果能选到自己有兴趣的专业，就会生出诸多动力，减少学习的阻力。

影响专业选择的因素

在选择专业时，学生往往会得到大量建议。但很多建议并不具有科学指导的意义和价值。

Gallup 发起的一项调查显示，学生在选择专业时，大多数建议都来自家人和朋友。仅有 11% 的学生会从高中顾问那里寻求指导，28% 的人会从大学顾问那里寻求建议。而且，大多数人都不觉得这些建议特别有用。原因可能在于，许多人关于专业的惯性思维都是错误的。

这些有关专业的认识误区，主要有以下几点。

只有选 STEM 专业才能赚大钱。学习计算机科学和工程专业，确实能让学生在未来获得非常不错的薪酬，但具体专业内的薪水差距还是很大的。学生和家长们很清楚哪种专业的薪水最高，但他们对这些专业内部差异的程度没什么概念。

选专业比选学校更重要。但事实上，并非绝对如此。要知道，大学越好，通过校友、同学父母，乃至最终通过同班同学得来的职业关系网络就更佳。据 FiveThirtyEight 网站对《巴伦周刊》排名的 78 所“最热门学校”与 1800 所“不太热门学校”的对比分析，在不太热门的学校里，半数以上的学生选择以事业为导向的专业；而在热门学校里，不到四分之一的学生这样做。

文科专业找不到工作。波士顿分析就业市场趋势的 Burning Glass 科技公司的一项研究发现，如果文科毕业生能熟练掌握社交媒体或数据分析等八项技术技能中的一项，那么他们获得初级职位工作机会的概率就会大幅增加。《你无所不能——“无用”的文科教育的惊人力量》一书的作者乔治·安德斯提出，长期以来，家长和学生们一直认为文科毕业生找不到工作，这种观念忽视了现代经济的一个现实：现在的工作所需要的技能不是哪一个大学专业能够轻松涵盖的。这也意味着，即使是学文科专业，也有非常多的可能性。

尽早选择专业很重要。一般情况下，美国大学选择专业都是进校一两年后再进行选择。这也表明，学生不用那么快尽早选择自己的专业。

例如，哈佛大学的学生在第一学年末开始确定专业；普林斯顿大学选理科的学生在第二年开始确定专业，选文科的学生在第三年开始的时候确定；此外，耶鲁大学的学生在第二学年末选择，斯坦福大学的学生在第三学年开始时选择。

除了以上提到的传统认知和惯性思维外，还有很多因素在影响学生选择专业时所做出的决定。为了避免被干扰，学生可从以下问题中确定自己想学的专业。

你更喜欢什么。虽然这是个小问题，但却是最根本的，是选择大学专业之前首先要考虑的。或许你很容易就想到自己喜欢什么，但应该列出清单进行头脑风暴，包括你喜欢的学校、课程、课外活动、书籍、音乐、电影，甚至是从未考虑到的研究领域。

你更擅长什么。可能你对擅长的事情没有清晰概念，需要费些功夫才能理清它。比如，英语对你来说非常容易，计算机也不差，可能你最初是想当个英语教师，但随着深入了解，编程成为你偏好的职业。不要觉得自己偏离了人生轨道，因为最初的梦想可能并不是你的天赋技能，重点在于将要从事的领域和工作能够让你感到充实。

可以从事什么职业。有一些专业读起来十分有趣，但毕业后的职业发展可能就不有趣了。因此，在网络或学校职业中心查看相关专业的就业去向很有必要。强烈推荐大学职业中心网站，这是最容易忽视的免费资源。

你可能对某些事物充满热情，但它可能只能成为你的兴趣爱好，不一定适合成为专门职业。因此在选择大学专业时，想象一下自己从事该职业的样子，能够帮助你考虑清楚。

能否赚到钱。钱不是万能的，但它对你以后的生活至关重要。对于大部分普通人来说，在选专业时确实需要了解一下未来这份职业能够带来多少薪水，以及这些薪水是否能够满足你对未来生活的期望。

你的梦校是否有这个专业。有些人会被特定的学校所吸引，而有些人则关注特定的专业，两者加起来才是完美的，但现实并不总是能如愿。

所以你需要认真考虑在大学经历中什么是最重要的，是学校文化氛围，还是能学习喜欢的领域。

由于美国有数千所不同的大学，每一所大学设置的专业又不同，课程安排、就业导向、申请偏好等均不同。如何选择适合自己的专业和学校，绝对是一门技术活。而想要客观理性地选校选专业并非易事，所以可寻求专业升学顾问的帮助等，根据学生自身背景以及未来发展方向来进行综合定位。

◆ 专业选择的分类

一般在美国就读的留学生，在专业上的选择都有三种：

①undecided（未决定），也就是表示自己还没有确定要选哪个专业。很多学生一开始都难以决定自己将来要读什么专业，所以这些学生往往在申请的时候会选 undecided /undeclared。

②通用型专业，也就是所选的专业是比较通用的类型，比如数学以及经济学等专业。

③精细化专业，即选择比较明确的一个专业，像计算机、会计等专业。

而在大学期间，所有学生会完成大学通用教育所规定的课程（general college requirements），并在自己所选专业的领域进行深度、专业的学习。虽然学生的本科专业不完全决定学生毕业后的职业去向和未来发展，但还是很大程度上影响了未来就业、升学轨迹。

所以建议学生从高中阶段就开始结合自己性格、兴趣、学科表现、现实因素等方面，考虑自己在大学里要学习什么专业。

◆ 选择专业的具体策略

不同大学有不同的要求，一般情况下专业的选择取决于如下几种情况：

有些大学要求高中生在大学申请表上列明他们想要申请的专业方向，这个时候学生就需要在申请的时候明确专业。

有的大学对于学生还不太明确自己要学什么的时候，允许选择“undecided”（未定）选项。但要注意，并不是所有大学都有这样的选择的。此外，学生虽然可以选择“undecided”（未定），但在写大学文书时，还是需要明确一个大方向。

即使选择了明确的专业，很多大学的学生入读的第一年，还是从通用课程开始，并没有开始学专业课。所以学生后续即使兴趣方向变了，也可以选择转专业，但是转入本校的一些热门专业也不一定容易。

同时，在一些大学里，有些专业要求学生修很多的专业课，或有些课程只向某些专业的学生开放，那对这些专业感兴趣的学生就应该尽早确定专业方向。还有一些专业规定了严格的修课顺序，如果学生在选课和修课时间上落后了，就会延迟 1 ～2 个学期毕业。

选择专业的具体策略方面，学生可以从以下几个关键方面入手进行综合考虑：

1. 职业准备

选择一个可以帮助你准备进入某个职业或研究生/博士学位攻读的专业。你可能想成为一名护士、商人、物理治疗师、电子工程师等。在正式决定专业前，可以先在相关领域选修 1 ～2 门课、看看大学该专业的教学大纲、跟该专业的学生交谈等，判断是否准备好可以应付这个专业的学习。

对于高中生来讲，可以利用 10 年级和 11 年级的暑假参加大学的 pre-college program，提前体验和了解感兴趣的专业课程。

2. 喜欢的科目

如果你喜欢你在学习的东西，你会更有可能积极参与到课堂学习和你的大学经历中，这也意味着更好的成绩以及在本领域中建立更多很好的关系。

如果你的热情是在哲学，不要因为担心研究生升学，或觉得哲学系学生就业不明朗，就马上放弃考虑读这个专业。很多文科专业能培养学生很强的评判性思维能力和写作能力，这些都是很多公司和企业所青睐的技能。

3. 第二专业或双专业

如果一个专业方向并不能满足你的学术兴趣和才能发展，可以在大学时候考虑辅修第二专业。辅修专业跟主专业很像，唯一不同是辅修专业要求学生完成的课程学分比主修专业少。如果学生对两个专业都非常感兴趣并且愿意接受挑战和应付更多的学习任务，可以选择双专业。

很多双专业的大学生都选择了两个截然不同的领域，这样可以让学生了解和掌握两套不同的价值、观点、知识和词汇。

整体来看，赴美留学选专业不是一件轻松容易的事情。学生往往会陷入迷茫之中。因此，处于选专业阶段的学生群体更需要科学的指导。更好地选择合适的专业，能让学生快速成长，搏击时代风浪。

二、详解不定专业

申请美国本科留学时，选择专业是重要的一个步骤。每一位家长都希望孩子能够精准定位，找到适合且未来就业前景好的专业。不过如何选择留学时就读的专业，对很多学生来说是一件纠结的事情。

选专业关键因素往往与兴趣有关。但如果只有兴趣，或许会造成理想与现实之间的落差。《华盛顿邮报》就曾发表过一个十分扎心的观点：很多孩子会被建议，跟随自己的热情和人生的目标前进。但不可否认的是，很多 18 岁的学生对现实社会了解有限，更别提确定人生的终极目标了。

最直接的表现，是绝大多数学生对专业的种类、职业的选择、人生的规划尚未建立清晰的认知，只能选择亲戚朋友或同学建议的热门专业，导致经过长时间学习后才发现专业并非自己所喜欢。

既然如此，如果能在大学初期深入探索各类专业领域，经深思熟虑后再敲定专业，岂不是两全其美的解决方案？或许在这个时候，“undecided”，即“不定专业”可能会成为学生的一个新选择。

◆ 不定专业的本质

美国大学非常重视通识教育并认为，本科阶段是一个探索、求真的阶段，这个时候学生们理应涉猎更多学科，直至真正找到自己的兴趣所在，等到大二最后再确定自己的专业方向。

为了适应学生这种探索的过程，很多大学便在专业项目中增加了不定专业（undecided）。这允许学生在申请时不选择具体专业，到了一定学习阶段后再确定专业。重要的是，随着年龄增长，学生对于职业倾向会有更成熟的想法，这时做出的选择往往符合实际需要。需要指出的是，这样的情况通常在美国本科教育中存在，其他英语主流国家还是需要学生事先确定专业的。

不定专业的出现，让处在迷茫中的留学生与家长们有了缓冲的时间，因而受到越来越多人的关注。在美国，不定专业主要分为以下几种情况：

大部分美国文理学院申请时会有不定专业，大三前确定所学的专业方向。

大部分美国综合性大学下的文理学院、工程学院，都在申请中提供不定专业。学生可以在大一下学期（工程学院）或者大二下学期（文理学院）开始选择自己的专业，如果要跨专业选择，需要满足相关申请条件。

还有一种特殊情况，选择不定专业的学生不属于任何一个学院下面，大学会将所有不定专业的入学者放在一起，等到大二下学期开始，再让学生选择自己的专业，进入到相关学院。其中，我们所熟悉的波士顿大学就是典型代表。

值得注意的是，并不是所有大学都有不定专业。尤其是在公立大学，即使有不定专业的选项，递交申请的时候仍然需要学生选择一个专业，哪怕随手选一个。

被确定专业和不确定专业录取，入校后有什么差别？这两种情况的差别主要是在选课上，被确定专业（如计算机）录取的学生在相关课程选课时有优先权。但这个优先权也不代表这个学生就一定可以一直读下去，如果没有达到课程的基本要求，再往高一级别修课的时候，也是选不到课的。

不定专业的学生入校后也是自由选课，不过有些专业课程在选的时候不能优先选，就有可能选不到。选不到的话就只能在下个学期再选，有可能需要调整自己的学习计划。除此之外，两种情况在入校后并没有特别大的差别。

几乎所有选择去美国读本科的学生，都是为了能得到更多的机会了解自己最擅长什么，那么不定专业就提供了这样一个绝佳的机会。学生可以去体验去感受，然后确定自己真正想学的专业。在美国，每年会有接近 30% 的本土学生申请不定专业，这种不定专业的情况在文理学院、工程学院中更为常见。

有些家庭以为，没有定下专业的年轻人，应该去更大型的大学学习，才可以有更多不同课程项目选择。然而不少招生官并不认同这样的观点：规模越大的学校，例如公立大学和综合性大学，对学生的个人关注会更少。

学生初到美国，不光要适应全英文的学习环境，还要独立进行选课、探索专业……即使到了假期，孩子还要花很多时间实习以便做出更好的选择。这时候，如果孩子入读的是一个公立大学或较大规模的私立综合大学，很容易漫无目的地从这个课程学到那个课程，从这个专业转到那个专业，使得他们不得不晚于同龄人毕业。

相较而言，小型的文理学院反而会给予学生更多的关注和指导，辅助学生在各方面做一些规划。在美国本科文理博雅教育中，最主要的“副产品”是让学生更加完全地了解自己，通过学校的教育和指导，经过思考以后选择专业。

由此可见，对于那些已经有清晰目标，清楚自己想学什么领域的孩子，大型的学校可能更适合他们，他们也更容易在规模大的学校中取得成功。而那些专业未定的学生，选择大型院校则可能会导致他们在探索之路上四处徘徊。如果学生对专业迷茫，其实更需要的是在别人的帮助下，做出明智的决定，而不是前往一个有太多选择的大型校园。

◆ 需考虑的更多因素

在了解不定专业的本质后，学生非常关心的重点还在于对录取是否存在影响？不定专业具有哪些优势与劣势？

不定专业的首要优势在于，能够提高录取概率。对于没有确定想法或没有鲜明背景特点的申请者而言，申请指定专业，可能竞争力不占优势。这时选择不定专业，确实能在一定程度上提高录取率。美国大学的教育理念是希望能够给学生提供尽可能广泛的选择，所以是比较支持不定专业的。

此外，不定专业有利于学生广泛地探索兴趣，进行多方面尝试。很多学生在刚刚申请时并没有确定的方向，对各个专业具体的学习内容和研究领域等还停留在名称表层。而且不少学生即使选择了专业申请，在学习一些相关科目后也会发生兴趣改变。如果选择不定专业其实能够帮助学生涉猎更广泛的科目，同时也带来更多思考的空间。

当然，不定专业也存在一些劣势。比如申请材料没有重点，不利于凸显学生的个性。现在美国大学的录取越来越看重学生的个性化，而且在申请材料中展现出个性化一面的前提是有确定的专业方向。如果没有确定专业，学生的课外活动经历和文书展现就很难找到确定的中心和主线。

而这两点正是要凸显学生是否喜欢申请的专业，以及是否适合所选专业的部分。如果活动和文书没有特色，申请者也会缺少让招生官眼前一亮的机会，不利于从其他申请者中脱颖而出。

另外一种可能是，选择不定专业有可能会让学生丧失奖学金及其他福利机会。有些美国大学会为确定专业的学生提供奖学金以及特殊的新生宿舍或职业发展机会等福利。比如美国大学妇女协会、妇女工程师学会等组织，会专门为在美国学习 STEM 专业并且表现优异的女生提供奖学金。如果女生在 STEM 上有表现出色，那么申请不定专业会让自己丧失一些福利机会。

很显然，不定专业是一个利弊共存的选择。如何想选择不定专业，建议学生向招生官展示自己的兴趣与目标。绝大多数美国大学希望能够了解申请者的方向，希望寻求求知欲强、有创新精神的学生。

再者，学生要在高中阶段珍惜学校的各项课程资源。不定专业并不代表对很多事情不感兴趣，而是关注的比其他人更多。所以学生要利用好这些机会，多学多看，尽量确立好自己的目标。退一步讲，通过不定专业进入美国大学入读的学生，也要尽快利用一到两年时间找到自己的目标所在。

适合不定专业的学生，主要有两类。一是文理均衡，且没有意向专业。如果学生的文科和理科成绩都差不多，也没有特别喜欢的专业，那么可以选择不定专业，充分了解各专业基本知识之后，再定专业。

二是想读热门专业，但是竞争力不够。如果学生想就读学校的热门专业，但是自身标准化成绩不高，也没有过硬的相关学术背景；或者申请材料中，与想申请专业的匹配度确实不够，比如相关活动较少，选课没有重点，整体竞争力不足的，都可以选择不定专业。在大学前两年认真上课，拿到比较高的 GPA 之后再进入目标专业。

但要注意的是，如果太晚申报（declare）专业，会导致前期该专业的学分修得不够，大三大四可能因为需要补足学分而压力过大。所以建议尽快确定意向专业。

大学，是一个学生探索和了解自己的过程。学生以不定专业进入大学是一个很好的机会，应该充分利用这个机会，在学习专业之前探索各类科目。

但也要看到的是，如果学生没有强大的时间统筹和自我规划能力，以及对自己高度负责的觉悟，不定专业的自由空间可能会使自己陷入更大的迷茫。所以，虽然不定专业是解决选专业焦虑的一条出路，但同时也需要学生对学校做好充分调研并且保持高度自律。只有这样，学生才能通过这条路为自己的四年学习乃至未来人生找准方向。

第四章

美国大学申请流程

“凡事预则立，不预则废。”“预”就是在理解事情原理和规律之后，为未来所做的规划和安排。上一章的申请规划，就是为申请所做的预备工作。从申请角度讲，规划阶段就是为申请“制造”素材的过程。规划得当且执行有效，与分数、奖项、活动等相关的材料才会准备得比较成熟理想，为申请打下坚实基础。

规划期结束之际，即 12 年级秋季学期开学之时，申请材料基本稳定，就可以全面收集整理和制作申请材料了。在定下要申请的学校后，就可以准备填写和提交了。正所谓，不畏浮云遮望眼，自缘身在最高层。只要学生的材料准备得扎实，就能冲破申请迷雾，看到曙光。

有些家长在申请结束后总是感慨道，美国大学申请就像打仗一样。不错，和布局战争一样，要在申请中占据有利地位，需要熟悉常见“策略”。“知己知彼，百战不殆”，运用到申请中，就是指申请者要依据自身的实际情况，即“知己”的前提下，知晓美国各大学招生政策。同时，学生也要在“知彼”的情况下，合理布置自己的申请节奏，以最大可能地赢得“申请战”。

一般情况下，科学的规划是以 11 月就截止的早申请为目标去筹备的。那什么是早申请？早申请有什么优势？申请期会持续多久？常见的选校因素有哪些？家长需要做什么？申请文书又是什么？文书怎么写？写文书有哪些禁忌？家长认识的名人写封推荐信会不会增加录取率？面试到底要不要参加呢？本章将针对美国大学申请流程中的各项内容，来做详细讲解。

第一节　申请策略选择

一、　申请季时间轴

虽然美国大学申请政策各异，而且数量众多，但它们都有约定俗成的一些规律。比如，无论是早申请还是正常申请，都有一定的申请时间范围，录取结果也都大同小异。

那对于申请条件成熟的学生，早申请应该怎么准备？如果被延期之后，申请者应该如何操作？常规申请（RD）学校应该如何申请？这些都得依据申请者的实际情况，来制订好申请策略。下面，我们就讲一下申请时间轴和常见的申请政策。

◆ 时间轴的重要性

申请时间轴的重要性，必须牢牢关注，这关系到学生申请不同阶段需要展开的事宜。首先，讲一下什么是申请季。申请季就是美国大学公布了本科申请日期，申请系统开放了注册和使用权限，同时申请者材料也已经固定，申请者按要求和在规定时间内提交申请材料的过程。

所以，申请者完成了规划，做好了充分的材料收集，就可以启动申请了。此时一般是 12 年级开学之后，学生的活动一般进入了收尾期，各项分数也基本定型或半定型。而且这时候离美国大学最早的一批早申请的截止日期，即 10 月 15 日，也越来越近了。

粗略地分，一个申请者的申请季分为三个阶段：申请材料制作与收集、截止日期前的提交申请以及申请材料提交后可能出现的材料补充阶段。大学在收齐申请者所有申请材料后，会开始整理和审理学生的完整材料，并在 1 个月至 3 个月内放出录取结果。

◆ 细看时间轴

我们不妨一起来细看一下申请季的时间总轴。以常用的 Common Application 申请系统为例，每年 8 月 1 日该系统会开放新一年的申请者注册权限，此时申请者就可以开始填写申请信息了。然而，最早的美国秋季入学的学生的材料截止日期，是 10 月 15 日（因春季学期申请人数并不多且申请流程与秋季一致，此处不对春季学期申请展开讨论），但这个时间截止的学校不会超过两所。主流的第一批次的秋季学生的申请，即 EA 和 ED 批次，以 11 月 1 日和 11 月 15 日截止为主。

注意，早申请是一个可选项，可以申请也可以不申请，视学生当时的申请材料成熟度而定，不一定要去申请。如果学生的申请条件，比如 TOEFL 尚未达标，可以不选择进行“早申请”，在材料充分比如 TOEFL 达到要求且具备竞争力时再向申请大学提供的正常申请。因各所大学对 TOEFL 要求不一样，理论上也可以选择某些符合 TOEFL 成绩要求的大学进行申请。

第二批申请，一般以加利福尼亚州和德克萨斯州的公立大学为主，分别为 11 月 30 日和 12 月 1 日截止申请。需要提醒的是，加利福尼亚州的加利福尼亚大学（University of California）大学体系（即 UC 系）没有“早申请”，申请者一年只能在 11 月 30 日之前申请一次。但是申请者不必在 11 月 30 日提交 TOEFL 分数，而可以选择在次年 1 月前提交成绩。因此，对 UC 系比较青睐，但 11 月 TOEFL 分数差几分的同学，可根据实际情况先按时提交申请并继续冲分数，以免 12 月考高了分数却错过了 UC 系统的申请。

第三批申请，即 regular decision（RD，常规申请），以次年 1 月 1 日和 1 月 15 日截止申请为主，部分大学截止日期为 2 月 1 日及以后，比如著名的公立大学密歇根大学（University of Michigan）和威斯康星大学麦迪逊校区（University of Wisconsin Madison）。这一批次即第三批，也是最后一个申请轮次。因此，申请者别无选择，只能提交申请。相较于前两批申请，申请人数最多，竞争最为激烈。

注意，每所大学每年只能申请一次。即早申请时申请了某大学，第三批时不能再次申请。

所以，所谓的申请季，泛指从 10 月起到次年 2 月前后（排名较后的大学有些项目最晚会到 7 月前后截止，因不属于正常申请，故在此不予讨论）。申请者依据美国大学的录取要求，结合自己的实际情况，陆续向美国各所大学提交申请材料。如果错过了这三批申请，就只能等来年了。

二、申请批次简介

我们首先细讲一下第一批申请，即上文我们所说的“早申请”。常见的“早申请”，主要分 EA 和 ED 两种类型。要注意的是，并不是每所美国大学都提供“早申请”，比如 University of California 就没有早申请。

另外，一般情况下不会同时提供 EA 和 ED 政策。比如北卡大学教堂山分校（University of North Carolina – Chapel Hill）只有 EA 政策而没有 ED 政策，而杜克大学（Duke University）有 ED 政策没有 EA 政策。当然，也存在一定的例外，比如东北大学（Northeastern University）就同时有 EA 政策和 ED 政策，但是这类大学比较少见。

◆ 解析两种主要类型——EA、 ED

两种主要类型中，EA 全称为 Early Action，直译为“早行动”。申请者申请条件充分且达到某所大学录取要求，且该所大学提供了 EA 申请政策时，申请者就可以申请有此种申请政策的大学，申请数量不限。

比如麻省理工学院（MIT）、密歇根大学（University of Michigan）等，都有 EA 政策。以密歇根大学为例，官方对 EA 政策做了以下解释：

Through the University of Michigan's Early Action program, you can apply earlier in the admissions timeline—by November 1st of your senior year in high school—and receive a decision on admission earlier on in the process. The Early Action decision will be one of three: admit; postpone for a final decision by early April; or deny.

You do not need to apply EA, but this fast-paced approach may fit your needs by providing you with a decision by late January. It's a great option if you know that Michigan is one of your top choice schools.

"Through the University of Michigan's Early Action program...It's a great option if you know that Michigan is one of your top choice schools."

通过密歇根大学的早行动计划，您可以在高中高年级 11 月 1 日之前提前申请入学时间，并在录取过程中提前收到录取决定。早行动的决定将是三项之一：承认，推迟到 4 月初做出最终决定或否认。

您不需要应用早行动，但这种快节奏的方法可能会在 1 月底之前为您提供决策，从而满足您的需求。如果您知道密歇根是您首选学校之一，这是一个很好的选择。"

另一种主要的早申请形式为 ED，全称为 Early Decision，直译为"早决定"。申请此类大学的 ED 批次会出现排他性，即这类大学只能申请一所，不能兼容其他允许 ED 的大学，但可以兼容其他允许 EA 的大学。比如哥伦比亚大学（Columbia University）、宾夕法尼亚大学（University of Pennsylvania）都有 ED 政策。

哥伦比亚大学对 ED 政策解释如下：

Whether or not to apply Early Decision is an important choice—one that should be made after careful consideration of many schools, and hopefully a visit to our campus. The choice to apply Early Decision should be driven by a true passion for Columbia. We hope you'll resist external pressures to apply early for any other reason, and instead make an educated and informed choice that applying early is right for you.

是否申请“早决定”是一个重要的选择，应该在仔细考虑许多学校并参观我们的校园后做出。选择应用“早申请”应该是出于对哥伦比亚大学的真正热爱。我们希望您能抵抗因任何其他原因而提前申请的外部压力，明智的早申请选择才是适合您的。

正如说明所示，“早决定”某所大学需要慎重考虑。因为在申请 ED 时，需要学生、学生的一位家长、学生高中所在的校方代表分别签写承诺书（Agreement），承诺申请者若被该校录取，申请者本人必须放弃其他大学的申请并入读该所大学。

因此，选择早决定某所大学时，需要申请人和家长商讨清楚，并建议咨询有经验的老师以确定是否合适。因为“早决定”院校只能选择一所，从申请者角度来看，选择 ED 的大学并不难，难的是评估 ED 能不能被录取。

另外，有些大学提供两轮 ED，分别为 ED1 和 ED2，如纽约大学（New York University）。但提供 EA 政策的大学，只设置 11 月这一次。提供 ED2 的大学，截止日期一般会和 RD 重合，即以 1 月 1 日和 1 月 15 日为主。

◆ EA、ED 的申请结果

无论是 EA 还是 ED，其申请结果会是这三种之一：被录取（admitted），被拒绝（rejected）或被延期（deferred）。录取和拒绝的结论比较明确，ED 录取了必须入读；EA 录取了可以选择入读或不入读。如果都被拒掉了，就不能入读。

我们讨论一下被延期（defered）这种结果。延期是指学生的早申请被延期到了 RD 批次，即第一批申请变成了第三批申请。此时，如若申请的是 ED，其约束效力将因校方的延期决策而被解除。即这些申请者可以选择第三批时提供 ED2 政策的大学，继续签一所 ED 协议。

对于 Defer 的发放，要分析其性质。有些申请者收到的 Defer，可能是校方礼貌性的拒信。另一种是因申请者申请材料某方面欠竞争力，没有强势到被立即录取但又未被直接拒掉而发生的延期审理。后一种情况下，申请者不要放弃，仍然要在成绩、考试、竞赛、活动等方面继续努力。在第三批即 RD 批次放出录取结果前，一般是 2 月下旬到 3 月初，向该所大学更新最新的学术、考试、活动成就，一定程度上能增加 RD 批次时收到录取的概率。

◆ 其他申请政策

比如，有些大学提供 Priority Application 政策，本质上和 EA 比较类似。如大家耳熟能详的伊利诺伊大学香槟分校（University of Illinois，Urbana-Champaign）和德克萨斯大学奥斯汀分校（University of Texas-Austin），都提供 Priority Application，本质上与 EA 没有分别，只是名称不同。

而普林斯顿大学（Princeton University）、哈佛大学（Harvard University）提供的 Single-Early-Action，即 SEA，和斯坦福大学（Stanford University）、圣母大学（University of Notre Dame）提供的 Restricted Early Action，也都有很强的排他性，本质上更靠近 ED 政策。

这些早申请政策，不仅为大学的材料审理分流，同时也给申请者提供了申请的多样化选择。因此，不同的申请批次、不同阶段的申请材料实力以及有可能变化的择校标准，经科学地组合，就是申请策略了。

三、 早申请的本质

早申请的本质，一言以蔽之，就是美国大学为申请条件“早熟”的申请者提供的一个优先申请通道。一般而言，同样的规划时间内，提早达到申请要求，某种意义上就是优秀的一种表现。这意味着学生的认知水平、执行力都在常规申请者之上，所以能提前或超额达到大学的申请要求。这样的学生，自然不必等到 1 月 1 日时再集中与所有申请者竞争名额。

同时，如上一节所言，从大学角度来看，早申请也能分批处理申请者，为申请工作合理分流。而且，对于招生办公室来说，早申请的申请者质量和数量，也会像个当季录取的“晴雨表”一样，测试和预告本季招生基本情况。

◆ 早申请的意义

当然，我们表达的只是理想情况下的早申请的设置意图。因此，不能绝对地说早申请的申请者优秀，其他批次的申请者不优秀。留学决定的早晚、申请者资源的多寡、活动质量数量的天然限制，尤其是申请者家庭经济水平的差异、学校间的差异、课程体系的差异、区域教育政策的差异，甚至是城市地理位置的差异，都会直接或间接地投射到申请者的规划与准备上来。

大部分学生其实都是“晚熟”。但“早熟”学生的优秀也能让我们从申请原理上清楚早规划早准备的意义。

其实，大学也在平衡其中可能存在的不公平。因此，即使在理论上申请者数量及质量可以支持某些大学在早申请阶段就完成录取任务，也不会有大学只用一轮或两轮 ED 来完成某一届的新生招生。大学都会预留 RD 批次，来保障公平，即不放弃“晚熟”的优秀生源。

因此，面对“早申请容易录取”这个现象，规划期的申请者就要注意尽早做好安排，并加以执行。申请期的申请者要理性地评估自己的实力，既不能放过良机，也不能过于拔高 ED 选校排名，以免造成自身条件与目标院校的申请难度严重脱节，反而失去了先机，不得不在 RD 批次的“血海”中去拼杀。

录取率高的原因

此外，如果稍微统计一下有 ED 政策的大学，我们就会发现有 ED 政策的大学，基本上都是私立大学。当然，也有一些例外，如弗吉尼亚大学（University of Virginia）身为公立大学却提供了 ED 政策。而且，我们很容易发现，文理学院（Liberal Arts College）大部分都提供了两轮 ED，即 ED1 和 ED2。这是因为，私立大学的性质是自负盈亏。

因此，我们可以理解这类私立大学更注重审理的效率。毕竟，虽然大学收取了申请者的申请费，但审理材料仍然是一笔开支。为了节省人力，以免对录取后不确定是否入读的 EA 和 RD 的申请者发出过多 Offer，ED 便是一个不错的过滤器。在申请时，用签 Agreement 的方式，过滤真正对本校感兴趣且真心愿意入读的申请者。这些私立大学便在 11 月和 1 月提供两轮 ED，来快速确认准确的申请入读名额。

当然，这些大学在提供 ED2 时，同时也提供了截止日期相同或接近的 RD 政策，并不是只有两轮 ED 来完成录取，校方也会为 RD 申请者发出一定数量的录取。因为校方也明白，即使申请者很喜欢他们大学，也未必需要强制申请者通过 ED 政策进行申请。

基于以上原因，我们就可以明白为什么早申请录取率高的原因。首先，只要不是胡乱选校，一般选择了早申请的申请群体，基本上是满足或基本满足 ED 的录取要求的。其次，因 ED 的排他性，这些“早熟”的申请者数量没有 RD 时多。最后，从招生办来看，多录取这种承诺录取了就会来的学生，也是理性的一种操作。简而言之，早申请尤其是 ED 申请，是“高手过招”的一次申请批次，录取率高也就是正常的。

因此，家长和学生如果听到“早申请好录取”这种声音时，要理性地去面对和分析自身条件和大学录取的平均水平，以免像很多申请者一样，盲目选择与自身条件并不匹配的 ED 大学去争取“早下车”，反倒失去了机会而且浪费了精力。

四、常规申请（regular decision）解析

早申请如此重要，那 RD 就不重要了吗？RD 为 regular decision，直译为“正常决定”。这一批申请也是申请季最后一批申请，一般行业内被称为“常规申请”。

RD 截止日期在 1 月 1 日到 2 月 1 日，因其截止日期最晚，为晚决策的留学申请者和“晚熟”的申请者预留了相对较充裕的时间。因此，RD 批次最大特点，便是申请人数最多。

◆申请者数量居高不下

其实，虽然对提前达到大学录取要求的申请者而言，早申请录取率高，但仍然有一大部分早申的申请者会因各种原因而被拒掉。但申请者要知道，这是正常的。因为申请本来就是双选的一个过程，而且申请过程中隐藏着很多影响录取与拒绝的因素。加上美国大学国际生名额有限且申请者众多，这些因素结合起来，会让我们觉得学校越是知名，录取越让人难以捉摸。这也是在申请时，申请者要分好批次，必须选择多所大学来申请的原因。

如前文所言，还有一部分 RD 申请者因为各种原因，规划和准备欠充分，并不具备在早申请截止日期前达到录取标准的实力，而选择在 RD 批次来进行申请。这类申请者是 RD 批次申请的主流。另外，其他类型的申请者，如申请英国、加拿大、澳大利亚、新加坡等地的申请者，在 RD 申请批次加入了 RD 大军，增加了申请者数量。

在此，我们也可以讨论一下为什么 RD 录取率低的原因。因为 RD 是最后一个申请批次，所以，无论是申请条件“晚熟”的，还是早申请失利的申请者，都别无选择，只能在此批次提交所有档次中有可能被录取的大学。这就造成了 RD 批次的各个排名段位的大学，都会收到大量申请。在录取名额这个分子相对固定的前提下，申请者的分母变得很大，

录取难度就会增加，录取率自然下降。换句话说，相对于 ED 的高录取率，RD 的大分母稀释了录取率，形成了 RD 录取率低的局面。

◆ 持续努力终见回报

对于 ED 失利的申请者，建议不能放弃 11 月至 RD 截止日期期间的时间，而要继续努力参与考试与做活动。这样就能够避免早申请失利后，各项申请条件仍然处于早申请时的水平，从而在 RD 过程中占据更有利的条件。申请者要相信，付出通常都会换来收获。

对于“晚熟”的同学而言，备考与参与活动更是不能松懈，以免早申失利的、条件优良的申请者对 RD 申请局面造成“降维”冲击。同时，各路“晚熟”的申请者，也都会最终在 RD 的战场上“决战”。

其实，在申请准备的每一天，都会有人退出竞争，留下那些继续前进的身影，一步步地逐渐获取优势。正是这种持续努力的申请者，最后会收获到更好的录取。因此，除了“早熟”的申请者以外，最终坚持到底的申请者，才能笑到最后。不可否认，坚持是一种非常优秀的品质。

第二节　如何选校

一、常见选校因素

美国大学申请，是申请者和美国大学双向选择和匹配的过程。首先，申请者在了解大学录取要求后，依据自己的条件和意愿提交申请材料，然后大学依据录取标准审理申请者的材料，做出录取与拒绝的结论并通知申请者。申请者拿到所有大学的录取通知书后，从被录取的大学中选定一所准备入读的大学，来操作后续的入学程序。

因此，在整个申请过程中，选校环节出现了两次。即申请前对目标大学的选择和在发放了录取通知的学校中挑选一所入读。选定入读学校，是申请季结束和赴美准备开启前的工作，我们将于下一章进行细致讲解。本节的重点，是讲一下申请时如何选择目标大学。

◆ 聚焦三个档次

综合而言，录取形势和申请者总数每年都处于动态之中，能否得到某一所大学录取的概率并不明确，所以申请时的目标学校需要多一些，这是个“广撒网”的操作。毕竟，申请本质就是一个申请者与多所大学相互匹配的概率事件。

因此，目标大学的选择也要根据录取概率来定一个档次，以免选校难度太低而错过了更好的大学，或因选校难度过高而导致录取太少，甚至一封录取也未拿到。所以，定好目标学校是成功的第一步。在申请大学时，申请者可以选择多所大学递交申请，而且各种类型的申请系统中都支持申请者选择多所大学。

一般而言，申请美国大学的数量以 10 所左右为宜，即兼顾冲刺、适中和所谓的“保底”这三个档次。冲刺档的学校，一般是“也许可以录取”的那类大学，即被录是“运气”，但被拒也很正常的那一类大学。适中档的大学，是依据往年的录取标准，正常情况下可以被录取的大学。但因为每年申请形势的变动，为了防止录取形势太紧张而录取很难的情况出现，一般会搭配一些录取概率接近“百分之百”的大学来申请，即“保底”学校。

经验丰富的申请老师可以将申请者的选校策略细分到上上、上中、上下、中上、中中、中下等层级，来保证申请的安全性。所以，建议申请者除了依据自己的喜好外，让经验丰富的老师做一下评估。当然，最理想的情况就是学生条件“早熟”，申请老师提供了申请者也同意的 ED 批次的最佳大学，从而完美地“早下车”。

◆ 选校依据的主观标准和客观因素

在选校时，极少数学生会有主观性偏好。比如曾有学生因喜欢某校的建筑颜色或校名而决定申请。当然，这往往是不可取的。抛开主观性偏好，常见的选校因素有综合排名、专业排名、就业环境、地理位置、师生比、交通便利性、气候、学费等。

面对众多的美国大学，家长和学生在申请前要有明确的选校标准，并根据这些标准的权重，来衡量某所大学是否进入选校名单。不建议学生和家长在各项标准间变动，以免在申请前犹豫不决，或在录取后也不去，造成申请精力和费用的浪费。

选校时，可以在了解大学的基本信息后，在自己分数等条件所能匹配的范围内，对每一所预选学校做这样的几个假设："假如这所大学最终是唯一录取我的大学，我愿意入读吗""我愿意这所大学成为我的母校吗""我愿意在这所大学待四年吗"。

如果这类问题的答案是"No"，就可以考虑不入选该学校。如果其中任意一个问题是"可以考虑"，就可以将这所学校加入预选名单。后面再用各项标准去精选申请的学校，最终定下各档次的申请大学名单。

在精选大学名单时，可以选择两个权重最大的因素来主导选校。然后看其他因素有没有附加优势，以此来确认最终名单。

比如，申请者以综合排名和未来就业作为最主要的两个选校标准，兼顾各大排名与大城市来做筛选，但同时要清楚大城市的生活费一般偏高这个事实。若对学费、生活费没有顾虑，交通和气候也恰好很合适，这类大学就是优选方案。

又比如，学生家庭经济条件略紧张，就可以以学费、生活费的高低和获取奖学金的可能为导向。这时，就可以考虑公立大学和愿意给出丰厚奖学金的文理学院，但同时要注意排名、地理位置等因素。因为总体而言，这种大学排名未必会高，地理位置相对较偏。在主要标准被满足的基础上，附加因素如就业、专业排名不错的大学也是优选。

依此类推，在意师生比的学生及家长，可以关注私立大学，尤其是文理学院，但要注意地理位置和学费。在意气候的学生及家长，可以关注加利福尼亚州、华盛顿州等宜居的州，但选校范围会因地理受到限制。

另外，常见的因素还有家长所关心的安全。

所以，选校是个“知己知彼”的过程，是主观标准和客观因素的搭配。只要标准明确，选校就不会是一件难事。同时，要兼顾申请选校有“广撒网”的特点，要保持一定的灵活性和宽容度，以免选校标准过于苛刻，导致名单上学校不足，甚至“无校可选”。

另外，家长和学生在选校时要清楚，美国大学的录取要求并不会因学校排名的降低而降低。整体上看，全美排名 50 后的综合大学，大学录取标准其实会稳定在一个水平上，即学生的 GPA 在 3.0 以上，TOEFL 一般最低要求 80 分。学生在选校时，一定要注意这个特点。

二、早申请（ED）选校原则

如前面所提到的，学生的各项申请条件“早熟”且优秀的前提下，早申请尤其是 ED1 的优势很大。除了录取概率更高外，如果在 ED1 被录取了，还可省去第三批即 RD 申请，这样就能节约精力和 RD 的申请费用开支。因此，早申请的选校便值得再细细分析。

◆ ED 选校太高

因为 EA 出录取结果一般在 1 月份，晚于 ED 的 12 月中旬出结果，因此 EA 并不会影响 1 月截止的 RD 选校。而且因为 EA 没有绑定录取了就要入读的条款，所以在此我们不做 EA 的讨论，只做 11 月份截止的 ED 选校分析。

上面我们已经讲到大学选择的档次问题，即冲刺、适中、保底。同理，ED 批次虽然只能选择一所，但仍然脱离不了档次问题。因此，我们可以换条思路，用档次来衡量 ED 选校的原则。我们先假设三种情况，即 ED 的大学分别选高了、选适中了和选低了这三种情况。

如果 ED 选得太高，达不到校方的平均录取水平，录取结果大概率是大学拒掉了申请者。每所大学每年只能申请一次，这意味着，拒掉的大学，不能在 RD 时再度申请。所以，早申请被拒掉了，相当于本年度失去了一所大学申请机会，即经济学上所说的“机会成本”。

因此，如果申请者非常中意这所大学，最好要评估好自己的实力是否匹配得上这所大学，即我们常说的“跳一跳可以够得上”的大学，而不是“高不可攀”的大学。因此，ED 选校不能匹配过高。

◆ ED 选校适中

如果 ED 选校适中，申请者条件达到了往常的国际学生录取的平均值，在 ED 协议的加持下，申请者被录取的概率最大，前提是申请材料没有大的问题。这时，申请者就要注意自己是否拿到录取后会反悔，觉得自己原本可以申请更高名次的大学，或者 RD 时会有更好的录取。

所以，如果在专业老师客观准确评估之后，申请者选择适中的学校，一定程度上是看好大学本身，而不是看好排名。依据我们讲过的选校因素，理性来看，这类大学应该是综合因素搭配最佳的选择，否则在某种意义上便是录取低了。

例如，某学生钟情于政治学科且已确定好终生从事此专业方向，在条件匹配略高于国际学生录取平均值的情况下，早申请了位于华盛顿的大学，就是选择了城市资源和学术氛围，最大化满足了对专业的学术资源的要求。

◆ ED 选校过低

如果早申请选校过低，录取会十拿九稳。因为签了录取就要入读的协议，所以别无选择，只能入读。这一类的选择要慎重，除非申请材料中有重大缺陷。例如 GPA 低，要保住一个还不错的录取，所以利用早申请的先机，选择了此种定校方案。

当然，也不排除有学生心仪某些偏僻的州去感受某种文化，或有其他重要原因，所以早申请了当地大学，放弃了可以录取排名更高大学的机会。毕竟，不是每个学生或家长只看重大学综合排名，选校标准其实也是多样化的。

综上所述，早申请是申请者选择标准多样化之下，对申请大学的一次实际检验。核心是申请者在录取概率范围内做出决策，这样早申请的唯一性和自己的择校标准，才能在申请的录取结果中达到统一，而不是“摸彩票式”跟风。

三、 适合自己的才是最好的

从申请材料角度来说，国际学生申请的主要材料，除了资金证明外，和美国本土的学生申请材料是一样的。作为国际学生，在 GPA 没有问题的前提下，选校的最大限制是语言要求（English proficiency 或 language requirement）。

一般情况下，语言要求以 TOEFL 和 IELTS 成绩为主。也存在其他可能，如英语考试（Pearson Tests of English）、多邻国英语测试（Duolingo English Test）及其他类似于 TOEFL 的考试。

◆ 语言非常重要

之所以说语言是选校的最大限制，是为了保证国际学生将来能顺利完成学业，美国大学对国际学生的英语水平测试分数给出了最低要求。根据 U. S. News 综合性大学排名，以 TOEFL 要求为例，Top 30 的要求以最低 100 分为主；Top 40 中，会有 5 ～6 所学校以 90 分左右为最低要求；Top 50 及以下，主流的最低 TOEFL 要求是 80 分和 79 分。

当然也有例外，比如抛开竞争程度来说，UC 系的各校区原则上允许 80 分以上的学生申请，但实际情况中这些学生未必能获得录取。又比如，排名相对较低的马里兰大学，TOEFL 的要求常年是 100 分以上，和排名与它相近的大学语言要求不同。

值得注意的是，有些大学会有 TOEFL 听、说、读、写小分的要求。比如波士顿大学的要求：Students who are most competitive for admission will have a composite score of at least 90 ～ 100 and minimum scores of 20 in each section（录取中最有竞争力的学生的综合分数至少为 90 ～ 100 分，

每个部分的最低分数为 20 分）。

也有某些大学的 TOEFL 分数不是统一的，而是由学院来规定的。比如雪城大学，其教育学院、工程与计算机科学学院最低要求是 80 分，文理学院最低要求是 85 分以上，管理学院和建筑学院最低要求是 90 分，其公共传播学院的最低要求是 102 分以上。

在实际操作中，申请 Top 30 大学时，TOEFL 以 110 分及以上为宜；TOEFL 要求 80 分的大学，建议以 90 + 的分数申请为宜。因为除了竞争性外，学生听、说、读、写能力未必是均衡的，表现在其小分数未必都是 20 分以上，总分达标的小分数未必达标。

极端情况下，有些大学 TOEFL 要求是 80 分，但录取的学生分数以 100 分以上为主也是可能的。

其实，从申请者将来赴美后的学习和生活角度来看，英语水平是未来留学生活的日常语言，是生活能力的体现，因此再怎么强调也不为过。另外，英语水平测试如 TOEFL 和 IELTS，还是偏重学术英语和校园英语，未必能保证学生在美国快速融入生活。因此，在选校上，学生要注意自己的实际英语水平，以免在美国大学学习时出现挂科、延期毕业甚至被劝退等情况。

◆ 学费、压力及其他

从实际角度来考虑，除了语言水平，学费也是最为实际的因素。以前有学生追求排名，申请到了不错的私立大学，但因为事先并不在意私立大学的昂贵学费，不得不放弃入读，最终选择了性价比更好的公立大学。所以，家庭的教育费用预算也是一个现实因素，毕竟美国大学尤其是私立大学的学费是笔不菲的支出。

因此，最近几年留学的机构及家庭，也不怎么大提特提“黑马”案例。因为已经出现过多起入读高排名的“黑马”学员，大学期间因跟不上节奏而被迫转学，或者因挂科而被劝退的案例。这背后，都是申请者自身水平在与学校教学水平匹配上出现了不对等。学生在未认识到风险或者高估了自己能力后，选择了更为“光鲜”的高排名或学术要求高的大学，从而导致大一大二适应不了学习压力的情况，日积月累之下，最终形成了知识断层，不得不以低 GPA 收场，甚至出现挂科。这种压力若没有得到及时疏导，容易导致心理问题，并产生恶性循环，与留学的初衷背道而驰。

选择与实力相符的大学入读，已经是家长和留学机构的共识。这需要学生对自己有个清醒的认识，而非盲目地一味追求排名，忽略了自己的真实学习水平，否则最终可能得不偿失，延迟甚至丧失了顺利深造的机会。

第三节　文书与推荐信

一、 文书及其重要性

在美国大学申请中，分数类的材料都由官方送出。比如 TOEFL 通过考试机构 ETS 递出，成绩单由顾问老师（counselor）等校内老师代表高中送出。如 SAT 也是通过考试机构 College Board 送出。文字类的材料则不同，如奖项、活动列表、各类文书和推荐信，最终由申请者及推荐人填写进申请系统上提交给美国大学。

再细分一下的话，奖项和活动列表都是如实填写，有一定的客观性。但文书和推荐信这类主观性很强的材料，发挥空间就比较大。

那文书有哪些类型，以及各类文书如何写呢？文书写作中要注意哪些事项？为什么要有推荐信？推荐信的内容又怎么设计呢？本节将详解文书和推荐信这两项申请材料。

◆ 了解文书的重要性

其中，文书的重要性毋庸置疑。文书，即 College Application Essay。部分学校会使用 Personal Statement（PS）来称呼文书，比如宾州州立大学（Penn State University）如此称呼。但 PS 一般会是申请者为什么申请某专业方向以及未来打算的陈述，主要为英国大学所用，与美国的文书有一定的区别。

Essay 这个词，一般学生会理解为校内的写作作业，这当然是从狭义的校园英语来讲的。Essay 这个词的本义，其实是散文、随笔。但在申请的语境下，这个本来很自由的文体便有了功能性，即为了申请服务，用来表现学生的思维水平和个性特征。但是其写作上仍然具有散文、随笔的自由度，并没有应用文那种严格的格式限制。

因此，相较于其他申请材料，文书是最为灵活的材料。申请者不仅有足够长的时间去构思、写作、修改、定稿、提交，而且只要符合题目要求和申请功能，申请者在内容选择上有足够的主观性发挥。然而，正因为其主观性和灵活性，没有明确的标准，反倒让人觉得“老虎吃天，无从下口”。写这个素材好呢，还是写那个素材好？有时申请者会陷入这种疑问之中。最终，很多申请者随便写了一篇，用来申请自己未来的母校。这种疑问，其实是申请者对自己认识不清的结果。一般情况下，申请者只有少数几条素材能用来在各大学校面前代表自己。但素材的选择正是深刻反思和深入挖掘的过程。后面，我们会讲到各类文书应该如何去写。

那文书到底有那么重要吗？它其实挺重要。对于分数略低于平均录取分数的申请者而言，大学处在可以拒掉也可以勉强录取这类学生的边缘上。那么，好的申请文书绝对是可以起到“临门一脚”的作用，帮助申请者拿到心仪的录取。如前几节所述，每个申请者的选校分了档次，申请者的中上档及冲刺院校中，必然是有几所目标大学处于这个录取边缘位置上的。所以从这个角度讲，每位申请者应该要准备不错的申请文书。

◆ 为申请加上一道保险

另一方面，文书也并没有想象中那么重要。相对而言，对于成绩单，托福、SAT、奖项、活动表现，推荐信异常优秀的申请者来说，文书只要守住底线，不出格地破坏申请者的形象，就不会影响录取。因为顶端的申请者的其他申请材料可以优秀到学校不会拒他/她的地步。当然，这类顶尖学生并不会很多，而且理论上，他们也基本能完成写一份申请文书的任务。

相应地，如果 GPA、标准化成绩、奖项等条件优异的申请者的申请文书也很优秀，那录取结果将会有一个极大的保障。尤其是近年录取“内卷”严重的局面下，优秀的申请文书能为这种学生起到很大的“加保险”的作用。

所以，文书的重要性具有相对性。从本质上来讲，文书并不是录取的关键因素。因为在招生官眼里，申请者的个性展示是要建立在其学习潜力之上的，即文书是建立在申请者的 GPA、标准化成绩、奖项等之上的。

另外，招生官也清楚文书的主观性，在审理过程中并不会随意给文书打出顶级分数。所以，在申请者的 GPA、标准化成绩、奖项不够强势的情况下，一份优秀的文书材料，并不会跳跃式地帮助申请者收获一份本不属于自己档次的录取。

所以，申请前做好学术活动规划及考试规划并严格执行，尤其是学术类的活动如科研等，都比文书更有分量地提高申请者的录取概率。这样，文书才有真正的依托和基石，而不是凭空打破规则去获得更好的 Offer。

二、 申请美国名校需要哪些文书

通常情况下，申请文书分为两类，一类是代表个人形象的通用“主文书”，一般会配在各大申请平台之中。另一类是大学自主提问的“附加文书”，即 supplemental writing，这类文书问题有一定的多样性，但仍然是以测查学生素质为中心。而且其中有常见的提问模式，比如问学生为什么申请这所大学，为什么申请这个专业，以及让学生讲述一个自认为很重要的活动经历或工作经历。

◆ 主文书非常重要

我们先看第一类文书即主文书。一般的美国大学申请系统（详参本章第四节申请材料提交）里通常有一篇通用的文书，即我们常称的“主文书”，因其通用性和唯一性，又以展示学生个人形象为主，是最为重要的一篇。

尤其是部分大学的申请，如俄亥俄州立大学就只要求这一篇文书，而没有附加文书。并且，即使申请系统上可以在提交申请前更换这一篇，但绝大多数情况下，因学生的代表事件有限，这篇主文书具有很强的稳定性。

我们以最为常用的通用申请系统（Common Application）为例，解析一下通用申请系统对这篇文书的说明和要求。Common Application 为主文书提供了七个题目，学生可以任选其一。因其题目多年来未做大的改变，因此我们展示如下，并附上翻译。

> The essay demonstrates your ability to write clearly and concisely on a selected topic and helps you distinguish yourself in your own voice. What do you want the readers of your application to know about you apart from courses, grades, and test scores? Choose the option that best helps you answer that question and write an essay of no more than 650 words, using the prompt to inspire and structure your response. Remember: 650 words is your limit, not your goal. Use the full range if you need it, but don't feel obligated to do so. (The application won't accept a response shorter than 250 words.)

文书要展示你在选定主题上清晰和简洁的写作能力，并帮助你用自己的观点来区分自己。除了课程、成绩和标准化考试分数之外，你还希望读者从申请中了解你什么？选出一项最能帮助你回答该问题的题目，并写一篇不超过 650 个单词的文章，可以用以下提示来激发和组织你的回答。记住：650 个单词是你的上限，而不是你的任务。如有需要，请完全利用这些空间，但不用觉得这是义务。（系统不接受少于 250 个单词的回复。）

1. Some students have a background, identity, interest, or talent that is so meaningful they believe their application would be incomplete without it. If this sounds like you, then please share your story.

对于一些学生来说，他们的成长背景、身份、兴趣或特长非常重要并且意义非凡，他们认为如果没有这些，他们的申请将是不完整的。如果这听起来像你，那么请分享你的故事。

2. The lessons we take from obstacles we encounter can be fundamental to later success. Recount a time when you faced a challenge, setback, or failure. How did it affect you, and what did you learn from the experience?

我们从挫折中吸取的教训可能是日后成功的基础。回忆自己经历过的一个挑战，挫折或失败，它对你有什么影响，你从这次经历中学到了什么？

3. Reflect on a time when you questioned or challenged a belief or idea. What prompted your thinking? What was the outcome?

回想一下你是否曾经质疑或者挑战一个信念或者想法？是什么激发了你的思考？结果是什么？

4. Reflect on something that someone has done for you that has made you happy or thankful in a surprising way. How has this gratitude affected or motivated you?

回顾某人为你所做的某件事，让你以一种令人惊讶的方式感到开心或感激。这种感恩之心如何影响或激励了你？

5. Discuss an accomplishment, event, or realization that sparked a period of personal growth and a new understanding of yourself or others.

讨论你的一个成就、经历过的一件事或一段反思。它如何让你个人获得成长或让你对自己或他人有了全新的理解。

6. Describe a topic, idea, or concept you find so engaging that it makes you lose all track of time. why does it captivate you? What or who do you turn to when you want to learn more?

描述一个话题、想法或概念，你觉得它如此吸引人，以至于忘记了时间。它为什么让你着迷？当你想了解更多信息时，你会如何做？向谁请教？

7. Share an essay on any topic of your choice. It can be one you've already written, one that responds to a different prompt, or one of your own design.

分享一篇你自选题目的文章，可以是你已经写好的对另外一个问题的回答，也可以自己设计题目并进行回答。

可以看出，Common Application 对文书的写作提出了两个核心标准：clearly and concisely，即写清楚和写简洁。其实，有过写作经验的家长或同学知道这两个标准其实是一切写作的最高准则。具体到大学申请过程中来讲，文书的写作水平实质上反映了申请者的思维水平。因为写作是个思想输出过程，其输出的既是思维内容，也体现了思想水平。因此，写清晰，代表了作者思维清晰、有条理、不模糊，能有逻辑地准确表达细节。写简洁，则表明作者宏观上能分清主次，能分辨事情的重要性程度，微观上能用精练的语言表达出思想内容。而且，从文字篇幅限制的角度来讲，简洁的文字可以在有限空间内，表达更多的事件及内涵。因此，文书写作的清晰简洁，反映了申请者的思维素养。

同时，Common Application 的文书总要求对写作素材进行了必要限制，即要用自己的声音，表现出学习之外的自己。不建议申请者去写课程、成绩、分数。因为课程、成绩、分数，都是通过成绩单、GPA、TOEFL/IELTS、SAT/ACT 成绩来表现的。如果书写这些内容，不仅在某种意义上重复了申请材料，而且没有达到展现申请者课堂之外个性的目的，使申请材料显得片面，不利于招生官综合评估学生。

达成录取的因素很多，将学习成绩写入文书并不能代表学校会百分之百拒掉申请者。但申请者肯定是丧失了展示个性的机会，招生官也缺少了看见学生全貌的机会。这也是申请系统为什么对文书内容做如此要求的原因。

◆ 附加文书不可忽视

另一类文书，即大学自行发问的文书，我们叫做附加文书。从提问到的问题来看，常见的这类文书题目主要分为三类。

第一类是大学关心学生为什么选择本校，即 Why College 文书。比如纽约大学的文书题目如下：

Why NYU?

We would like to know more about your interest in NYU. What motivated you to apply to NYU? Why have you applied or expressed interest in a particular campus, school, college, program, and or area of study? If you have applied to more than one, please also tell us why you are interested in these additional areas of study or campuses. We want to understand-Why NYU? (400 word maximum)

这是最为典型的一个附加问题，即大学最关心的是申请者为什么申请自己学校。从对各校附加文书的问题统计来看，这类附加文书是最高频的一种文书。

第二类，是大学关心学生为什么申请某专业，一般称为 Why Major 文书。这类文书问法不一，但关心学生对 Major 的选择原因。比如莱斯大学有一道附加文书是这样问的：

Please explain why you wish to study in the academic areas you selected above.

请解释你为何想学你选择的这个学术领域?

有时会出现 Why Major 和 Why College 的结合，如南加利福尼亚大学有一题是这样问的：

Describe how you plan to pursue your academic interests and why you want to explore them at USC specifically. Please feel free to address your first-and second – choice major selections.

描述你如何计划追求自己的学术兴趣，以及你为何特意选中 USC 来探索学术兴趣。请陈述你的第一专业和第二专业的选择。

有时会出现问题的变形，比如伊利诺伊大学香槟分校分为两问：

> In the past 3 to 4 years, what experience(s) have you had (inside or outside of the classroom) related to your selected first-choice major or academic interest?
>
> 在过去的三四年，你有哪些课内课外的经历和你第一专业或学术兴趣的选择相关。
>
> How does your selected first-choice major relate to your future career goals?
>
> 你所选的第一专业和你的未来职业目标有何关系？

这些问题万变不离其宗，关心学生的学术方向与学术实践及学习计划间的关系。

第三类是活动或工作经历文书。比如范德堡大学：

> Please briefly elaborate on one of your extracurricular activities or work experiences.
>
> 请简短描述一下你的一项课外活动或工作经验。

当然，这三类是经过统计每年大学附加文书题目所总结出来的最为常见的三类附加文书。因此，申请者大概率会写这三类文书，但也不排除会问到其他小问题。

三、各种文书的书写要求

了解完美国大学文书分类后，我们探讨一下这几类文书的写法。必须清晰知道，文书是沟通的一种方式。在申请文书功能明确的前提下，主文书的内容，即申请者所选择的文书素材，决定了沟通内容，并用来传递申请者本人的形象。所以，字数最多、使用频率最高的主文书就是最为关键的一篇文书。

◆ 主文书选择代表性素材

申请者在写作主文书时，一定要选择能代表自己最佳形象的素材。但同时要注意最佳形象的素材与奖项和活动列表的关系。如果素材传递的形象虽佳，但同样的信息已经在奖项和活动中交代过且没有什么可以发挥的，就需要慎重。因为申请材料不能过于重复，除非这些奖项和活动列表中的事件有无法在申请表格中传递出来的逻辑、动机或因果关系。

如果出现最佳素材多选的情况，就要挑选出具有唯一性的那个最强素材。原则上，一个申请者并不会出现两个“旗鼓相当”的素材，其中必然存有客观上的优劣。不过，申请者所认为的最佳素材，可能是陈词滥调，未必能正向传达学生的形象，最好要有一个专业的“旁观者”来指导。从心理学角度讲，人对自己的评价和实际会有偏差，而且在数以万计的申请者中并不清楚自己的实际处境。正所谓“当局者迷，旁观者清”，此时更需要外部力量来协助。

另外，写作作为一个技术，也不是首次面对 Essay 的申请者所能轻松掌握的。所以，主文书素材的选择，其实是自我形象的一个选择。选用 A 素材和选用 B 素材，所展现给招生官的“人物设定”是不一样的。建议申请者最好请专业的申请老师来做分析与选择，以免素材没有代表性，或者写成陈词滥调没有特点。

从申请技术上来讲，申请者还可以利用申请系统更换主文书的设置，依据特定情况更换掉文书，来更换成自己的“人设”。比如，某些大学如果只要一篇主文书，且要求学生的学术形象和个性形象都很强，此种情况下，可以考虑是否要扩充一下专业文书的素材来强化申请者的学术形象。这需要专业老师来进行设计与评判，以免弄巧成拙。

因主文书的唯一性和其功能，最长篇幅要求的主文书，最主要的写作环节，其实是素材的选择。而素材的选择，是需要事先激活申请者的所有事件，通过细致且深入的分析，即常见的“头脑风暴”，来做出最优化选择。这个过程需要花费一定的时间、一定的专业手段，才能获取独一无二的素材。当然，也不能排除学生的特征单纯又明显，有可以直接充当主文书素材的可能。

◆ 附加文书写作有技巧

选好素材后，还要了解一下各类附加文书的写作要求。Why Major的文书，顾名思义，需要写出自己选择这个专业的来龙去脉。一般这类文书，写作要求一般从100个单词到400个单词不等。较为局限的写作空间，更需要清晰地和简洁地，否则很难在“狭窄”的空间内优质地完成任务。写这类文书一定要梳理自己学术兴趣的起源、发展、成就，要用自己的探索事例，在字数范围内做一定的取舍，用合理的逻辑线来写。

Why College文书，是校方要看申请者是否真心了解过自己的学校，而且从申请者提供的自述中，去看与校方的匹配程度。这类文书一般是100个单词到400个单词为主。也有一些学院会将此类题目变形，比如密歇根大学将这类题目变成了为什么要申请某个大学或学院。

Describe the unique qualities that attract you to the specific undergraduate College or School (including preferred admission and dual degree programs) to which you are applying at the University of Michigan. How would that curriculum support your interests?

描述一项吸引你申请密歇根大学的特定本科大学或学院（包括优先录取和双学位项目）的特质。这个课程将如何支持你的兴趣？

常见的活动经历或工作经历类文书，一般不会孤立出现，会和 Why Major 或 Why College 或其他的文书搭配出现。文书的增多，不仅要求更多的写作素材，更需要注意其间的搭配关系和最终的搭配效果。如果素材“吃紧”，搭配受限，素材解读水平就要足够高，以全面完成各附加文书的任务，同时还要注意搭配的整体效果。如果素材“宽裕”，就需要设计出最佳的文书组合，对整体思维水平有一定的要求。

单独看活动或工作经历的文书写作，最核心的是要注意其活动或工作意义的挖掘。所有的文书都是申请者对自己事件即素材的“评判”，本质是申请者对自己成长的“审判”，这就是渗透在申请中的“反思”精神。这种审判与反思，集中体现在这类小文书中，和主文书性质有些类似，因此素材的排序与选择变得更为重要。这类文书一般是以 200 个到 250 个单词为主。

除此之外，还有些不那么高频甚至冷门的附加文书题目。我们不妨以维克森林大学的文书题目为例，这所大学历来以文书难写而出名。

1a. List five books you’ve read that intrigued you.

列举 5 本吸引你的书。

1b. Explain how a book you’ve read has helped you to understand the world’s complexity. (150 words)

解释一本帮助你理解了世界复杂性的一本书。

2. Tell us more about the topic that most engages your intellectual curiosity. (150 words)

告诉我们更多一些吸引你学术兴趣的事情。

3. Give us your Top Ten list.

给出你的“十大”。

对于这类冷门的文书，一般如实回答就能完成任务，但要做到出彩，就需要更为严密的素材搭配与选择了。

其实，以维克森林大学为例，我们可以反推出学校的部分“脾性”。申请者若不喜欢课外阅读，也不喜欢积极思考，面对维克森林大学的前两道文书题目时，就会有素材选择的困难。也可以这样去理解，维克森林大学就是用这些文书题目，来遴选喜欢课外阅读和积极思考的学生。尤其是上文中看似简单但实藏玄机的第 3 题这道经典题目，申请者不能随随便便写上美食名单、旅游地名单来了事，而是需要发挥与众不同的思维能力。

所以，文书题目实际上蕴含了学校对申请者的期待，这也为申请者的表现提供了展示舞台。从这个角度看，文书并不是一个个恼人的任务，而是多个让申请者去展示实力的舞台。

总体来看，因为附加文书的题目更为精确，是“命题作文”，反而更容易聚焦，不像主文书那样抽象又令人茫然。但附加文书的撰写仍然存在一个素材优选的问题。比如面对 Why Major 的文书，学生的素材可能有多个，如何解读并排序这些素材，在并不宽裕的字数范围内写好这篇文书，就存在一个素材评估、取舍、安排的过程。再比如，和 Why College 可以匹配的校内外资源也很多，如何突出申请者的特色，考验着申请者的思维水平。这类文书常见的难点甚至误区，我们在下一节会讲到。

四、撰写文书常见误区

依据主文书和附加文书的不同功能，我们可以分类说一下常见的文书写作误区。

◆ 主文书常见误区

我们先聊一下主文书常见误区。首先，一定要注意，申请者是申请文书的主角。曾有学生在文书中表现家长或亲戚的非凡经历，反客为主，搞混了主角。即使亲戚对自己的影响非常大，也要注意，招生官要录取的是你，而不是别人。

这个问题的出现，是申请者没有自我意识，没有将自己代入申请中。或者，是对文书产生误解，以为文书只是好文章，而忘记了文书其实是招生官用来评判自己个性特征的。因此，申请者一定要以自我为中心，去划出素材选择半径，然后再去做素材的排序与选择。

同理，也有申请者通篇写自己所在的集体，比如班级或社团的功劳。表现在文书中，就是通篇的主语是 We，而不是 I。这种情形也要注意，以免将自己的形象淹没在群体之中，模糊了自己的面目，让文书没有起到应有的作用。

美国大学更为在意潜力和能量的释放。所以在以个人成就为衡量标准的大学申请体系下，集体主义和谦虚不会是备受关注的美德，反而可能是一种缺点。从这个意义上来讲，文书的撰写其实是西方思维方式的一次洗礼。

另一点要注意的是，文书的主体部分要落入最近这四年内，即高中阶段。有申请者以小学事件为中心，这样给招生官的感觉是，申请者自从小学以来并没有成长或成就，思维水平处于停滞状态，或者让招生官因看不到近况而产生迷惑。

除了这些基本的常见问题，主文书千万不要虚构及代写。招生官作为训练有素的材料审理者，对学生的口吻和成人的文笔有很强的敏感度。虚构和代写，在招生官的“火眼金睛”下，是很容易露馅儿的。虚构和代写，不仅是文书的质量问题，而且是诚信问题。如果文书让招生官产生了嫌疑，招生官会认为申请者不严肃甚至是在造假。面对这样的申请者，招生官拒掉是合情合理的。

◆ 附加文书需有针对性

相对于主文书而言，附加文书更像是命题作文。申请者首先要读懂题目，然后在题目设定下，去选择最优素材，而不是觉得有事可写就去写了。比如，维克森林大学让申请者写一本认识世界复杂性的书，那这本书最好是和申请者想要申请的专业大类相关。

比如，申请者要申请理科，就可以有针对性地挑选一本让自己认识自然世界复杂性的书。若申请社会科学，就可以选择一本文化、制度、心理等社会科学相关的书籍。不然，在附加文书所问有限和数量有限的情况下，随便回答了文书题目，看似完成了任务，本质上却是放弃了一次表现自己专业形象和专业思考的机会。

Why College 文书的写作也是布满了误区。比如在纽约大学的 Why NYU 中，很多申请者会列举大学排名、优势专业、纽约城市的各种地标或资源。这些内容，从纽约大学的招生官角度来看，是了如指掌的，是自不必言的。而且，纽约作为全球数一数二的城市，其自有的魅力是任何一个关心世界的人所知晓的。在上万人的竞争中，这没有独特性可谈，就算是和自己有一定的相关性也并不出彩。在这种情况下，申请者不如从自己的独特经历，去匹配自己与纽约大学在资源上的交集，而不是谈些人云亦云或者众所周知的信息。这不仅会浪费字数，也模糊了申请者自己的个性。

还有一种发挥性的题目，申请者要用自己的成就去迎合，而不是天马行空地发议论。比如普度大学的一个小问题：

> Briefly discuss your reasons for pursuing the major you have selected.
> 请讨论一下你想学你所选专业的原因。

这里的优质写法，是要从自己实际的专业经历和成就去写，而不是被“discuss”这个字眼所迷惑，写成了讨论未来职业前景的议论文。如果是这样的话，招生官并不会看到申请者的形象。

在此也可总结一下，所有的文书，无论主文书还是附加文书，一定要用自己的过往事件及其带来的反思来塑造自己的形象，千万不能为招生官描画一个空中楼阁，陷入空谈。

五、推荐信及注意事项

申请材料中更多是自报和自述的信息，如表格中如实填写的个人信息或部分大学要求填写的成绩单，以及篇幅较长的文书。相比之下，推荐信是由申请者本人之外的人对学生做出的书面评价。

因此，推荐信也具有一定的客观性，更像一个“证人”或“担保人”。所以，要保证此推荐人和学生有实际的交集，在有事件的基础上有资格去对学生的能力做出评价，而且是客观正面的评价。

◆ 推荐信的重要性

因为公立大学的申请人数更多，工作量比较大，一些公立大学的申请材料中不需要推荐信，最典型的如 University of California，即 UC 系统。没有了校方人员汇报学生及学校情况，伴随而来的是，申请 UC 系统的学生需要自行报告学校情况和往年成绩单给大学，可以理解为校方推荐人的部分任务转移到了申请者身上。

除了这一类大学，绝大多数美国大学是需要至少一封推荐信的，多则可以达到 3 至 4 份。而且多数学校还提供了额外推荐信的可选项，可见这个材料的分量。

推荐信一般由 counselor 及任课老师来提供。counselor 一般会对申请者做一个综合评估，同时代表校方，对大学介绍本校的信息，并给大学发出官方成绩单（official transcripts）和学校报告（school report）。因此，counselor 的推荐信是一个必需项。一般上述任务是 counselor 的例行公务，但也有部分学校有多名 counselor。如有可能，申请者可以挑选更成熟更熟练的 counselor。

国内的普通高中未设置 counselor 职务，一般对应到的是班主任。当然，校方代表也可以由年级主任、副校长、校长来担任，前提是对学生的情况了如指掌。从这个层面讲，counselor 的选择，要以对学生的了解程度为核心，而非官方职位的高低。

当然，如果学生异常优秀，且校内领导极为熟悉，级别高的校方代表来充当 counselor 也是一个更高级别的对学生的认可。所以在可行的情况下，可以邀请这些级别高的校领导来充当 counselor。另外，因为推荐信是以英文的方式呈现给美国大学的，英文水平也是一个考虑因素。

任课老师的推荐信，一般建议一个英文老师、一个数学老师。但如果要申请的专业是在高中学过的科目且成绩优秀，可以邀请该任课老师来写一封推荐信。比如学生申请物理系，可以由物理老师来写一封推荐信；申请经济学，由经济学老师来写一封推荐信；申请历史相关专业，由历史老师来写一封。

所以，推荐信老师的选择，建议一个是英语老师，另一个是和所申请的专业相关的老师。如果未有教授所申请专业的老师，可以用数学老师的推荐信。

假如学生有多个同一学科的授课老师，比方有两个英语老师分别在不同年级教授过学生，可以选择师生关系融洽、成绩表现优异、教授学生时间长的那位老师。当然也要考虑特殊情况，如老师的脾气、性格。

◆ 选择合适的推荐人

所以，推荐人的选择要领，是要事先预估老师的写作内容和质量。如果和老师有过明显不和，或课堂表现不积极甚至成绩不佳，都要慎重考虑。虽然一般情况下，推荐人也会保护学生，但人的选择就是推荐信内容的选择，其中必有优劣。

在有些时候，有些家长说认识的某教授或名人可以或愿意写推荐信。那这种推荐信有没有用呢？这一类推荐信，在 Common Application 申请系统上被称为 other recommendation，即俗称的“额外推荐信”。官方为此类推荐人列出的示例，有 arts teacher、clergy、college access counselor、employer、peer、other 等。

但是在一般情况下，不建议申请一般专业的申请者选用这些推荐人。因为绝大多数情况下，counselor 和学科推荐人能全面反映学生的校内表现。除非在实习公司有优异表现或成就，当时的直属上司可以写一封，或长时间有交集的艺术老师、教练可以写一封。

但选择的标准依旧是要与学生有较长时间如半年以上的交集，全面或在某方面了解学生，可以做出客观中肯的评价。在此标准下，推荐信才有一定的效力。因此，如何选择推荐人，是推荐信这一项申请材料的关键点。

最后，如果推荐人较忙，邀请推荐人且经过同意后，学生可以向推荐人积极提供一些资料，比如奖项和活动列表。或者直接去约推荐人做个面谈，帮助推荐人激活用于评价申请者的事件，以便推荐人有足够的内容事件来完成推荐信的写作。

综上所述，推荐人的邀请，本质上是对清楚自己且能为自己代言的“证人”的选择。

第四节　申请材料的提交

一、 常见申请系统

申请材料收集和制作完成后，就要“沙场秋点兵”了，即申请材料的填写和提交给目标大学。目前申请者的申请材料提交，主要是在线上申请平台上操作，只要有网络就可以。

目前究竟有哪些美国大学申请平台呢？它们之间有什么区别？申请材料填写过程中需要注意什么？申请季需要家长做些什么？大学录取工作结束后，录取结果会是哪些？如果出现了 Wait List 应该怎么处理？本节将重要讲述申请材料的提交以及录取结果等内容。

◆ 申请系统愈发便利

网络普及以前，美国大学的申请流程为下载申请表格、打印并填写，最后邮给所申请的大学。很多大学有自己申请材料的要求，即每所大学的材料清单（Checklist）并不是通用和标准化的。这为申请者的材料提交和大学申请材料的审理都带来不便。

随着网络工具的发展和办公电子化的普及，以及电子付费系统的普遍使用，目前美国大学的申请材料提交，主要是在提供第三方申请材料提交服务的网络平台上进行。随之而来的便是申请材料的统一化和标准化。同时，随着第三方申请平台的调适与优化，用户体验也越来越好，填写和提交速度以及安全性都在提高。这也使得申请其他国家大学的学生能方便地考虑美国大学，一定程度上增加了美国大学申请者的数量。

目前美国本科申请主要有三个大型的申请系统：Common Application、Coalition 和 UC Application。除了 UC Application 只能用于 University of California 自家 9 所大学外，各所大学可以选择自己的第三方平台。

多数大学会同时使用 Common Application 和 Coalition，比如普林斯顿大学、哈佛大学、哥伦比亚大学。申请者选择其一来申请即可。也有大学只使用其中一家平台，比如达特茅斯学院只能使用 Common Application 来申请，而华盛顿大学只能使用 Coalition 来申请。

一般情况下，申请者会选择约 10 所大学去申请。所以，为了顺利申请所有目标院校，这三个申请系统会一起使用。另外，有个别大学仍然坚持只用自己的申请系统，比如麻省理工学院一直在使用自家的申请系统。

◆ Common Application 系统

Common Application 系统是成立最早的美国申请服务系统，也是最为普遍的美国本科申请系统。目前全球有 900 多所大学使用了这个申请系统，以美国大学为主。但因为其标准化和便捷性，其他地区的大学也会使用其服务，比如亚洲的香港大学也采用了这个系统作为其中一个申请入口。

我们简要说一下 Common Application 的操作流程。首先，申请者要用一个常用邮箱来注册，主要注册信息有常规的姓名、性别、高中、住址等。注意这些信息的准确性，不过现在系统允许更改基本信息。每个学生只能注册一个账户，否则系统检测到同姓同名同生日的信息时会警告已经拥有一个账户。每年 7 月及 8 月，系统会重新开放一次，可能会清掉上一次的注册信息。

依目前的政策，一个用户可以延续使用到第二年，方便再申请的学生来连续使用已有的账户，免掉了重新填写注册的过程。但这种情况下要注意官方信息，及时去激活账户，来继续使用老账户。同时，这种政策也有可能出现变化。不过，首次注册账户的学生不用担心，并且再申请的学生本来也非常少。

Common Application 已经给出了申请材料的框架。其之所以称为 Common Application，直译为“通用申请”，是因为整个系统分为通用部分和个性化部分。其通用的部分，包括学生的个人信息（Profile）、家庭信息（Family）、教育信息（Education）、标准化考试信息（Testing）、课外活动信息（Activities）、写作（Writing）中的主文书信息，以及部分大学要求申请者填写的中学成绩单及课表信息。

这些通用的信息具有相对的固定性，所以在系统上一次性填写完毕，就能用来申请所有使用这个平台的大学。各项材料在填写和上传完整后，会出现完成的标识，等待学生选定并加入其他目标大学。申请者在完成通用信息和各所大学的信息后，就可以交申请费。之后通用材料和答复大学询问的信息就能一同发给目标大学审理。

Common Application 系统里是可以添加目标大学的，上限为 20 所。各所大学会有自己个性化的提问空间。比如学生甲在 Common Application 上的信息已经全面填写完整，其查找并添加的 A 大学有权限提出自己单独的问题。

这些单独的问题中，最为常见的是通用类（general）问题，如申请批次、申请年份；学术类（aca demic）问题，如学院选择和专业选择；联系信息（contacts）问题，如是否和大学有过交集；家庭信息（family）问题，如是否有直系亲属是校友；然后就是最关键的附加文书

（writing supplement），详见上一节文书部分的介绍。

同时，Common Application 面板上也会有邀请推荐人的板块，即 Recommenders and FERPA，默认学生会邀请一个 counselor 以及发出 1 封至 3 封不等的推荐人邀请。一般填写推荐人的邮箱、姓名、科目等简略信息，点击邀请按钮即可。

受到邀请后，各位推荐人的邮箱会收到 Common Application 发出的确认邮件。推荐人同意后，需要注册自己单独的 Common Application 教师版系统，进行一系列对学生的评估以及推荐信的上传。Counselor 会对学生做一个综合评估，为大学提供该学生高中的情况，并上传自己为学生写的推荐信以及学生的成绩单。

◆ Coalition 系统

另一个常见的申请系统是 Coalition，大约有 150 所高校在使用这个系统。不过，很多大学同时接受 Common Application 和 Coalition，从这个意义上讲，Coalition 系统可以视为是 Common Application 的备份系统。但也有只用 Coalition 系统的大学，比如明尼苏达大学双城分校、华盛顿大学。如果要申请这些大学，就需要单独注册并使用 Coalition 了。

相较于 Common Application，Coalition 在操作上并没有前者公开透明和便捷，但是信息要求上都相当，比如仍然有常规的 Profile、Family、Honors、Activity List 以及主文书和推荐信的填写空间。不过，不同于 Common Application 上默认可以添加和填写 10 项活动，Coalition 上只能填写 8 项。如果申请者的重磅活动多于 10 项，建议合理利用这两个申请系统都提供的附加信息框（Additional Information）来补充重要信息。

这两个大型的申请系统的共同特点，是都要求申请者仔细填写大学共同关心的信息。毕竟二者都是第三方平台，要最大化满足客户即各所大学的信息要求。同时，这两个申请系统也都是让申请者一次性填写好基本信息，然后再通用到其他大学的申请。申请者在填写完通用信息后，在系统中查找并添加目标大学即可。各所大学同样也会提出自己的附加问题。申请者作答完毕后，通用信息和附加信息会一同递交到某所指定大学。

◆ UC Application 系统

除了这两个大型的申请系统外，有些大学有自己的独立申请系统。其中最著名的就是加利福尼亚大学的申请系统。加利福尼亚大学即University of California（UC），共有10个校区，其中旧金山校区为医学研究生院，不招收本科生，其余9所校区都在用UC Application这个独立的申请系统来收集申请者的申请信息。

值得注意的是，申请者在UC申请系统上填写的材料一共只有一份，各大校区也并没有提出自己单独的附加信息。这份固定材料可以提交给任何一个UC校区或同时提交给多个UC校区。也就是说，9所校区，无论是Berkeley校区，还是Merced校区，审阅的都是同一套没有任何区别的材料。所以，申请者在准备申请材料时，尤其是准备文字数量较多的文书部分，不建议提及这9所大学中任意一所大学的具体名字，以免影响其他校区的审理。

这时，有学生或家长会提出疑问：各校区间会不会相互对比录取学生的名单？答案是不会对比。在审理时，各校区都是独立审理，前提是申请者要在申请系统中勾选要申请的校区。申请时的申请费也是按校区数量来累计收取的。UC各校区的申请费也是统一的，近年来每校区80美元。这意味着，如果勾选了4个校区，需要交纳320美元的申请费。这4个校区会分别收到学生同样的申请材料，并独立做出录取决定，所以申请者最终可以收到0～4份来自UC的录取通知书。

总体来说，UC申请系统是全球范围内很成功的公立大学系统。UC在美国综合大学排名中，常年有6所校区入围前50。浮动于前20名左右的UC Berkeley、UC Los Angeles，更是全球著名高等学府。因此，如果没有特殊的地理因素上的原因，绝大多数TOEFL在80分以上的学生，大概率都会选择UC来申请。

从这个意义上讲，虽然共用申请系统的成员不多，但对大多数申请者而言，UC Application几乎是必然要用到的一个申请系统了。

二、 家长需要做什么

在申请的过程中，家长也会扮演非常重要的角色。在此，我们可以讨论一下家长在申请过程中所要完成的任务。简要来说，家长最主要的任务是为学生的申请材料提供协助，同时开具美国大学校方要求的资金证明材料。

◆ 协助准备申请材料

在申请系统中，除了父母的基本信息和工作信息的配合填写外，信息都是围绕学生来填写。所以父母的主要任务，更多是协助学生准备申请材料。比如，9 年级至 12 年级的成绩单的询问与开具，学生奖项和活动的收集整理。这些材料也最终都会以电子版材料或文字的形式，上传或填写到申请系统中。

所以，在学生处理不当，或需要与学校协调或处理时，家长就要出面协助。另外，如有必要，有些家长也可以提供一下学生从小到大的趣事，帮助文书老师收集素材。

◆ 负责资金相关事务

除此之外，家长最主要的事务是与资金相关的。国际学生申请美国大学时，需要向申请的美国大学支付申请费（application fee）。不过，有部分大学为国际学生免申请费。同时，因为学费昂贵，美国大学会考虑家长的支付水平能不能满足学生在美的正常学习与生活，所以需要提供资金证明（financial form）。

另外，也会有其他常规性的第三方收费，如 TOEFL 考试费、送分费的充值，SAT/ACT 报名与送分时所需的信用卡，以及有可能出现的邮递费用、成绩单验证费、视频面试费用等。

家长最主要的任务，是提供用来交申请费的信用卡和国际学生要证明有实力交付学费及生活费的银行存款证明（bank statement）。其中，信用卡要保证可以划美金，且卡的使用有效期能覆盖整个申请季，即当年 10 月到次年 2 月。一般 Visa 或 MasterCard 最为通用。需要注意的是，信用卡每日的使用额度不能太小，以免集中提交申请费时出现每日额度透支的情况。

存款证明一般默认的是定期存款，一般 9 月末 10 月初开具为宜，冻结 6 个月，覆盖学生申请季。金额以 70 万 ～ 80 万人民币为宜，即覆盖学生赴美后大一的学费及生活支出。

申请季的存款证明不能开得太早，因为有些大学会要求不能早于截止日期前 3 个月，所以 9 月末 10 月初最佳，可以覆盖到次年 4 月前后，能满足绝大多数美国大学的申请和审理期。其他形式的资金证明，如流水等未必通用，理财产品类的证明也一般不被认可。最为安全的方式，是国内银行默认的冻结定期存款的方式，这种方式也最为通用。

对学生来说，大学申请是一个长期工程，学生备考、参加活动和竞赛等，都需要监督与鼓励。所以家长需要做好家庭的后勤工作，以及必要的心理辅导与支持工作，帮助学生顺利地度过申请季，完成中等教育与高等教育的流畅衔接。

三、 申请系统填写与提交

因为网络的便捷性，对于线上申请系统的填写，一般可以边制作材料边填写，也可以准备好材料后，一次性填写完毕。这个可以依据申请者的个人习惯和材料准备的实际情况来进行操作。

◆ 填写申请材料

因为是在英文系统上填写，所以申请者在填写申请材料时，要注意英文的特点，尤其可以兼顾一下美式英语的特点。比如在篇幅略长的活动列表和文书写作过程中，需要注意如 colour、traveller、learnt 等常见的英式单词拼写，在美式拼写下分别是 color、traveler、learned。

虽然拼写方式不一定会对申请造成重大影响，但因国内很多学校使用的是英式英语（Britain English）教材，申请系统上英文填写的内容又很多，而且申请的学校是美国大学，所以建议使用美式英语（American English）更为保险。

活动列表和文书，因篇幅较长，会需要长期修改润色，建议申请者先在 Word 或其他文字处理软件上写作并修订，经审核并定稿后，再复制粘贴到申请系统上。但要注意很多文字处理软件默认的是中文输入模式，即全角字符，与半角字符的英文输入在编码和计数上有所不同。在申请系统上粘贴时，有可能出现转换格式错误，如乱码的现象和单词计数上的误差。

因此，申请者需要注意到这一点。建议在定稿后和粘贴进申请系统前，统一将所有文字调整成英文半角，以免出现如中文标点符号无法被申请系统识别的现象。

不过，很多申请系统也提供了当前页面检查（review）的功能。申请者在粘贴内容后可以即时预览，据此来调整因文字处理软件不同而导致粘贴后格式、字体、标点符号的变形问题，确保最终呈现给招生官的材料是标准的英文格式，页面美观又大方，在细节上给招生官留下好的印象。

◆ 提交申请材料

准备好所有材料且做好上传与填写工作后，可以做一下系统全面的检查工作，注意基本信息一定要准确。其他材料也要仔细核对，保证申请材料的准确性。因为一经提交，相关申请信息便会生成 PDF 等待该所美国大学招生办下载，对方一般会在两天内下载存档。所以提交过的材料是无法更改的，因此提交前的复核十分重要。一般情况下，申请系统上的材料有个自动的完成度监控。一处未填写，无论是一个复选框，还是一堆文字，便视为填写不完整，申请者将无法完成材料提交。

材料完全和完整后，系统会审核通过，申请者可以线上操作申请费的支付。美国本科的申请费，一般从 50 美元到 200 美元不等，因校而异。极少部分大学，如文理学院，会对国际学生免申请费。有时，校方为吸引和鼓励国际学生早申请，会对早申请的学生实行免申请费的优惠政策。

值得注意的是，提交完一所大学的申请费用后，未必这所大学的申请就全面完成了。比如，在 Common Application 系统上支付申请费成功后，系统会有个祝贺弹窗，申请者千万不要觉得申请提交完成了而关闭掉网页，因为一般在此弹窗后面还有提交条款的确认，以及申请者签字确认的操作。

而且，建议申请者在提交完成后一两天内，登录申请系统去复核。因为有些大学的通用申请和大学所问的附加信息（supplemental information）有可能是分离的，比如南加利福尼亚大学的附加文书就和通用的申请信息是分离的。这需要申请者在提交通用申请材料后，再提交附加材料，所以一定要注意事前事后的检查工作。

同时，申请者要关注注册申请系统的邮箱内是否有确认提交成功的邮件，确保申请提交万无一失。如有材料上的缺失或额外材料的补充，校方一般会发邮件通知。另外，不经过申请系统处理的其他事宜，如送各类分数、推荐人提交推荐信等，也需要另外跟进，保证申请系统之外的申请材料的完整性。

申请者应在截止日期前完成材料提交。大学在收集齐全所有材料后，才会开始审理申请材料。

四、 申请后续及录取结果

提交材料后，还需要做什么事呢？

◆ 积极做好相关工作

某批次的所有大学提交后，申请者会有一个等待时间。一周左右，该所大学会通过发邮件给申请者一个本校录取信息查询系统的入口

（portal），让学生注册且登录，去监控申请材料是否齐全，以及查询材料审核进度。绝大部分大学的录取通知也会在此系统上公布，同时会伴随着邮件通知。但极少数学校未必会通过发邮件通知录取结果，而只是提醒学生登录查询。

在此，再次强调，高中学校送成绩单、ETS 或 IELTS 机构送语言分数、College Board 或 ACT 机构送 SAT 或 ACT 分数，以及推荐人发送推荐信等是不在申请者的申请系统上操作的工作。

所以也要做好复核、检查及督促工作，以免语言分数未送到或忘记送，或推荐人忘记提交推荐信等纰漏发生。一般情况下，国际学校的 Counselor 有经验，也会帮助学生检查，但申请者本人也要注意。国内普通高中的申请者，需要专业老师指导，或者自己要弄清楚每所大学一份完整的申请材料清单都包含哪些内容。

通常情况下，在申请截止日期后的 15 天内，招生办会整理并检查申请者的申请材料是否完整齐全。这个时间段，一般称为“补材料阶段”。其间，学生可以自行登录 portal，看到每所大学的申请清单（Checklist）上的材料是否齐全。

一般的 Checklist 上的项目为成绩单、语言成绩、申请系统、各封推荐信、艺术生的作品集、可能出现的面试等。通常情况下，大学会在已经收到的材料项目前做一个标记，未做标记的部分，申请者要判别和复检，比如未收到 TOEFL，是忘记送出了，还是正在送的路上（ETS 送分需要时间）；未收到推荐信是老师没有及时上传，还是忘记了写作。

部分大学会发邮件通知学生缺少某项材料，但建议在“补材料阶段”，申请者每隔两三天要在查询系统上检查，因为有一部分学校并不会通知学生缺少什么材料。

在此提醒一下，因为近年来申请人数的激增，不建议申请者自行发送给校方申请清单（Checklist）中未要求的申请材料，以免自己的申请材料被延迟审理，即 delay，甚至被延期到下一个批次，即 defer。有些大学在官方网站上严厉地警告申请者，不要发送或邮寄无关的申请材料。

其实，换位思考，审理多余的材料不仅延长了某个学生的材料审理时长，从宏观角度来看，也会造成程序不公。即自行增加申请材料的申请者，比正规提交申请材料者多出了未经官方公示需要的材料，造成了材料项目上的不公平。因此，未经专业申请老师的评估，不建议申请者“多余地”展示自己，以免干扰甚至激怒招生人员，延误申请甚至造成拒绝。

招生办在申请材料全部收齐后，会正式启动申请材料的审理工作，即 application review。审理期间，申请者有个较长的等待时间。一般而言，ED 以 11 月 1 日和 11 月 15 日为主，会在 12 月 15 日前后公布。同样以 11 月 1 日和 11 月 15 日为截止日期的 EA，则以次年 1 月末出结果为主。RD 以新年的 1 月 1 日截止为主，出结果会以 3 月为主。

有早申请的大学，一般也配有 RD 申请。而且部分大学同时提供了 ED2 政策，截止日期基本上会和 RD 重合。

◆ 关注录取结果

所有批次的录取结果，主要是被录取（admitted）、被拒绝（rejected）为主。不同的是，早申请的学生，有可能收到延期即 defer 的结果，将申请阶段延迟至 RD 批次。RD 的申请，则有可能出现等待名单（Wait List）的结果。

录取后，学生就有了选择入读的权利。如果学生被某所大学的 ED 录取了，就必须入读该所大学。如果被拒绝，这所大学的申请在本申请季就结束了，不能进行第二次申请。但学生可以在下一届申请，这种情况叫 reapply。不过申请两次的学生非常少见，在此不展开讨论。

录取和拒绝是明显的结果。我们谈一下 Defer 和 Wait List。Defer 是一个未知状态，而且是早申请时的一个可能结果。Defer 的性质不是录取，也不是拒绝，而是没有审理。因此，可以简单地理解为自动变成了 RD。如果是 ED 被延期成 RD，ED 的绑定竞争力便自动失效，即如果最终申请者被录取了，可以选择不去入读。

对于申请者而言，延期造成了一定的时间差。被延期的同学如果很心仪该所大学，可以继续在12月和次年1月、2月强化一下成绩、奖项、活动成就，在3月前后进行一个申请材料的更新（update），争取加大RD的录取概率，以免被淹没在人海中。同时，因为ED1的约束失效，申请者也可以考虑选择一所提供ED2政策的大学来申请。既然早申请被延期成了RD，那其最终的录取结果就会是录取、拒绝、等待这三种之一。

在每年3月，RD批次录取结果开始发放。但因为决定入读的学生的数量不是很明确，因此大学设置了等待名单Wait List，以弹性地控制最终入读的学生数量能与当年的招生指标相符。理论上，收到的是等待名单而不是拒信，说明申请者已经达到被录取的水平了。只是因为申请者太多，名额被学校暂时留着，是一种悬而未决的状态。

在发放这种录取结果时，官方会让申请者做出一个选择：是留在名单上还是不考虑他们大学。大多数情况下，学生只要在申请系统中选择一个Yes或No的按钮即可。如果选了No，就是申请者放弃待在等待名单上。一般作出这种选择，是因为申请者已经有了心仪的录取。如果选择留在等待名单上，除了点一下Yes外，有些大学会让申请者再提交一个小短文，或者更新自己的成绩单及活动，或者让学生再写一下为什么要申请这所大学。

因为每位申请者选了不止一所美国大学，每所大学给出的录取结果又不一样，申请者对Wait List的态度和反应也不一样。而且申请者不一定只申请了美国大学，也可能申请了其他国家的大学。因为这些未知性，所以招生办发出Wait List的数量是很多的。

当某所大学收到相对精确的押金时，发现入读人数并没有饱和，便会同意从Wait List上的申请者中选择部分来补充缺漏的生源。但也不排除收到某大学的Admitted Offer的申请者们入读率非常高，交押金的人数量非常多，导致最终从Wait List上录取得很少的情况。

从近几年的经验来看，从 Wait List 上最终获得录取的申请者，有一定的规律。就读美国高中的 Wait List 生源，更容易被“转正”，其次是地区性的著名中学。但是，其整体数量还是比较少的。

第五节　面试

一、 面试的重要性

经常有家长和学生好奇和关心美国大学申请中的面试问题。面试到底是不是申请过程中的一环呢？其实，我们对面试的性质要区别来看。首先，并不是所有面试都建议去参加。第二，未必面试就对申请有用。在对面试性质和对自己实力认识不清的情况下，面试有可能不会起到应有的作用，反倒成了扣分项目。

因此，申请者要仔细判断和分析某所大学在申请程序中对面试的性质界定，判断其性质是否是申请必需项。在分清面试性质后，就可以决定是否有必要参加。如果经过判断，面试是必需项，或者是潜在的加分项，那在面试准备中有哪些注意事项呢？另外，视频面试是怎么回事呢？到底要不要录制视频面试呢？本节将对以上问题做一个细致分析。

首先声明一下，在全球疫情的大背景下，很多以前为必需的（reburied）面试，成为了非必需（optional）项目。但不排除未来会有部分大学，尤其是排名前 20 名的大学，逐渐恢复面试。

面试（interview）一般在材料审理过程中进行，也有与申请材料一起提交的。但可以肯定的是，面试不会出现在出了录取结果之后。

美国大学提供的面试形式，主要分为三种：线下校友面试（alumni

interview）、线上虚拟视频面试（virtual interview）和第三方面试（third-party interview）。

线下校友面试

线下校友面试，一般由申请者所在城市的目标学校的校友来担任面试官。如果学生在美国读高中且与目标大学就很近，有时候校方也会提供校内的面试。但一般会有预约程序，申请者需要按照官网或邮件提示来约定面试时间。

也有学校不提供校内面试。比如乔治城大学（Georgetown University）的面试要求如下：

> All first-year applicants are required to have an interview with an alumnus as part of the admissions process unless there are no alumni available to conduct interviews in a particular geographic region. Please note that no interviews take place here on campus and we do not ask (or expect) students to travel to other cities/countries for the interview.
>
> 所有一年级申请者都需要与校友进行面试，这是招生过程的一部分，除非在特定地理区域没有校友可以进行面试。请注意，校园内不进行面试，我们也不要求（或期望）学生前往其他城市/国家参加面试。

也有某些特殊本科项目要求面试的，比如 Cornell University 的建筑项目有如下需求：

> Students applying to the architecture program are required to participate in an interview as part of the admission process.
>
> 申请建筑专业的学生需要参加面试，这是录取过程的一部分。

康奈尔大学这个建筑项目的面试，有作品集的要求，由校方或就近城市的校友担任，均为线上形式，由申请者约面试。如果错过面试，其后会有个面试写作（interview essay）作为 interview 的替代。

在国内就读的学生的线下面试一般由校方安排，但事先可能会让申请者在网上做一个面试的时间预约。该校校友在接到母校招生办公室的授权及同意担任校友面试官后，会和学生约定时间和地点。一般地点会在咖啡馆、图书馆等场所。

面试的内容，会以学生和学校为中心，但话题相对随意，一般会持续半小时以上，最多能达到两三个小时。

◆ 线上虚拟面试及第三方面试

线上虚拟面试，是因各种原因不能采取面对面的形式，而采用了网络视频形式。其面试官仍然是校方人员，因此内容上没有变化，只是面试形式采取了线上形式。

第三方面试，一般是指录制的面试视频，由申请者送给指定的申请的大学。这种面试，一般由第三方公司来承接。因为视频会一对多地面向很多所大学，而且第三方公司代表不了特定的某所大学，因此在面试问题上，第三方并不会问到具体的学校信息，而更像是代表大学来对学生的特点进行挖掘。

除此之外，还有其他形式的线上面试的可能。比如，有一年某文理学院直接从美国给中国学生的手机打电话，进行短暂的语音通话。这种随机的形式也要注意，以免错过表现的机会。

一般情况下，线下的校友面试是有用的。但也有例外，比如前几年，某藤校只要申请了就必然会有面试。这种不分区别的面试，一般为校方的营销推广，未必会起作用。

录频的 video 面试，一般要分清其性质。大多数情况下，这类面试并不会影响录取，只是一个可有可无的附加项目。如何判断面试是否真实有效？可以在 8 月、9 月新一年的录取政策稳定后，在大学官网上细查即可。一般在 Apply 或 Admissions 的页面下，会有一个申请材料或程序的说明，即 Checklist。在这个说明下，先看有没有 interview 的要求。如有，细看一下 interview 与 admission review 之间的关系，据此来判断面试是否有用。

比如莱斯大学（Rice University）的面试说明：

> We recommend an interview for first-year applicants, though they are optional and not guaranteed... An inability to schedule an interview will not negatively impact your application.
>
> 我们建议对一年级的申请者进行面试，尽管他们是可选的，不保证的……无法安排面试不会对你的申请产生负面影响。

这类可选的、不参加也不会影响录取的面试，就不建议参加。除非学生的英语口语超级强，有明显的加分优势。对于大部分中国学生来说，没有必要去加入这一份情况未明的申请材料。

经过统计，我们发现这种录好视频的面试，大概率是可选择的（optional)，基本上不会影响录取。但如果口语非常好想尝试一下，申请者可以尝试先录频，看一下效果。最好经过专业申请老师的判断，再选择是否要交由第三方机构制作视频。然后视录制的质量，送给某些指定大学。

毕竟，从招生官角度看，多看一个可有可无的申请材料，会花费一定的额外时间，所以，申请者送出这种“多余”材料时，首先要保证它的质量是合格，甚至是上乘的。这样，才能更好地展现申请者的形象，为自己的录取加上一定的概率。

二、 如何应对面试

万事万物分为形式和内容两部分，面试也是如此。认清面试的形式和内容，就能够以科学的方式应对面试。

◆ 将面试当作一场沟通

首先，面试是一场沟通。无论是线下见面，还是录视频或是电话，都是沟通的形式。形式上要注意线下见面的分寸，比如礼仪、神态、坐姿、距离，并要适度观察对方的体态语言，做一些随机应变的调整，但整体上要不卑不亢。同时，要注意对方是代表大学，而自己是代表一个预备被录取的申请者这个身份。

录制视频时，更要注意一下视频的特点。如果自己在家里录，要注意录制视频空间的选择，设备的事先调试，镜头的远近高低，仪容与服装，灯光的明暗等。在录制视频过程中，注意关注镜头不要躲闪，要少一些小动作。建议事先依据网上同类视频与问题进行一个预录制，并请同学或家长指出一些明显的不经意或习惯性的不礼貌的动作，比如去抠鼻子摸后脑勺，或者不利于形象的口头禅等。

以上是面试的形式，也是沟通的形式。沟通的内容，主要是申请者本人的信息和学校的信息。兵法有云：知己知彼，百战不殆。在线下校友面试的内容的准备上，申请者要仔细回读自己所有提交过的申请材料，以免面试官进行信息核对，或对某些细节有预备的询问与挖掘。面试前尤其要注意自己的亮点部分，比如自己表现在申请材料中的特长、重大科研奖项、重要头衔或重量级的活动。面试官可能会重点询问这些部分，甚至去检验其含金量或真实性。

一般情况下，校友面试官可能会读到申请者的申请材料，但也不一定能读到，这取决于招生办对面试功能的设定。比如某些学校只是设置一个面试流程，来宣传推广学校声誉，这些面试官可能并不会读学生的申请材料。有些则是让学生来充当面试官，主要是为申请者答疑。尽管如此，申请者仍然要注意这个面试环节，在沟通的内容如信息准备和沟通的形式如礼仪，为面试官留下正常的或较好的印象。

另一方面，准备线下面试时，学生也要知晓大学尽量多的基本信息，以免在现场表现出对学校并不知晓，甚至张冠李戴，错把 B 学校当成 A

学校。大学的信息不能限于地理、排名、气候等方面。对校内的学术、体育设施、宿舍、餐厅等大学生即将面对的学习与生活方面，也要有个细致了解，方便聊天过程中展示自己对大学的兴趣，及时流畅地做信息互换，以免提问与作答过于“小白”，给对方留下对该校并无兴趣而未做深入了解的印象。

◆ 其他面试注意事项

因疫情影响，如今更多采用的是线上虚拟面试，即 virtual interview，其对象仍然是校友或在校学生，不过采用的可能是 Skype、Zoom 等网络工具。这种面试，和线下的校友面试性质是相同的，所以除了沟通设施如网络、摄像头、麦克风以及时差这些问题外，申请者在面试前要准备的事项仍然没有变化。

第三方面试，因视频录制方并不能代表某一所具体的大学，而且也不会读到学生任何申请材料，便变得像是和陌生人聊天。不过，话题的中心仍然是面试官代表大学，对申请者的个性特点、语言水平、思维能力等做一个综合的测定。因此，申请者在准备上，要对自己的特点尤其是优势有一个清醒的了解，然后在话题进展中适度放出相关信息，让面试官顺着信息来挖你的亮点，反向掌控好话题的主题和尺度。

比如，一般情况下，这种面试在寒暄之后，会先让申请者做一个自我介绍。此时，申请者就要简要地把自己的优势，以一种平稳的语气透露给对方，引导对方在下一轮交谈重点中展开话题。比如持续性久的特长、有研究成果的学术活动，都可以在自我介绍时就先以兴趣及大学想读的专业的形式，提供给面试者。一般情况下，面试官根据一个陌生学生给出的既定信息，挑选出几项特点，并展开探讨，使学生的形象更加饱满地透露在面试过程中，供大学最后判断申请者的质量。

同时，由于第三方平台对申请者事先并不了解，除了从自我介绍中吸取话题并做深入挖掘外，这些面试平台也会预备一些常见的问题。这些问题必然和学生的个性、兴趣以及未来的学业有关，这一点是和大学的角度一致的。毕竟，面试平台代表的是大学的利益。

这些常见的问题有如“你最大的优势是什么”“你怎么看待挑战”“你怎么定义成功”。要注意这些问题背后的用意及回答技巧。比如回答“怎么定义成功”，除了表明自己对成功的判断标准外，举的例子最好是自己的经历，而不是拿破仑、华盛顿等。

因此，和线下校友面试官一样，第三方平台也关注的是学生是什么样一个人，他或她的思维水平、主要成就、性格特点有哪些。掌握了这个沟通逻辑，申请者就更容易进入状态并不会跑题。当然，在面对镜头时，既不能自卑懦弱，也不能轻浮傲慢。

面试并不是“议论文”甚至一场辩论，面试是一个关于自己的“说明文”。其中所用的材料，最好是自己的真实经历。

三、 面试禁忌

在吃透以上的面试形式与内容，理解了面试的沟通本质后，面试的禁忌就会一目了然：凡是有害于面试沟通的形式与内容，从申请角度上有损于申请者形象的沟通行为及表现，都是一种禁忌。但人的性格是千差万别的，申请者如此，面试官也是如此。因此，我们要关注一些通用的禁忌以及一些个性化的禁忌。

◆ 注意着装与肢体语言

在面试时，忌仪容与着装过于随意。无论是线上还是线下面试，申请者要注意自己的学生身份。毕竟，沟通时的第一印象很重要。学生的仪容干净、大方即可，不需要特意化妆。在衣着上，男生也不必西装革履，女生也不必打扮艳丽，但也不能随意穿个睡衣，因为基本的尊重是沟通的前提。

如果是用笔记本电脑进行线上面试，注意镜头高低。有学生将电脑屏幕压得很低，从视频角度来看，给人以居高临下用鼻孔看人的感觉，建议调整好角度，或者将笔记本电脑垫高，使人和镜头平视。从线上视频沟通的角度来看，视频呈现的人脸角度也是仪容的一部分，不能过于随意，以免引起误解。

此外，还要注意肢体语言。曾经有一个学生，以低 TOEFL 和高质量的文书，获得了维克森林大学的视频面试机会。学生性格极为内向，与人缺少眼神交流，虽然经过多次培训，但最终在面试完后遭遇了拒信。学生在与招生官面试过程中，仍然缺乏正常的眼神交流，视频面试中途，招生官将面试切换成了音频。可想而知，学生给招生官的视频印象是多么不舒服。

虽然这是个极端案例不具备代表性，而且也未必多数学生都会内向到如此程度，但我们仍然可以做一个普遍化的分析。谦虚与内秀在许多学生身上是普遍现象，这种特质随着网络时代的到来虽有缓和，但在生活中仍然是许多学生无意识中形成的个性。

但是，在美国大学申请中，无论是写作类的申请材料，还是面试类的面对面或语音交流，谦虚及内秀等反倒变成了一个限制因素，导致学生不善于或者不好意思表现自己的才华和想法，影响了申请时的发挥。本质上，不只是面试，包括奖项、活动、文书等材料，都是西方文化的外化。所以申请者无论是在准备线下还是线上面试，都需要训练及注意一下自己的肢体语言。

建议学生可以用手机或电脑录制一段自我介绍，观察分析一下自己的体态语言。如有不经意的习惯性小动作，比如摸头或鼻子、看天花板等，都可以用客观化的视频来进行分析优化甚至“矫正”，让自己的热情、自信、果断、沉稳等品质，充分体现在面试过程中的声音、表情、肢体动作中，让面试成为一个加分点，而不是一个扣分项目。

◆ 其他面试禁忌

当然，面试时还要忌答非所问。无论是何种形式的面试，都是校方代表与申请者的双向沟通。除了外在的形象，如上述仪容和肢体语言，沟通最核心的还是交流的内容。

无论是校方还是第三方面试，面试者要听明白对方的提问，甚至要清楚问题的用意，并做出合理的回应。曾有学生强行在每个问题上“输出”自认为重要的事件或观点，在面试官多次的努力下也不能扭转话题，使沟通变得别扭甚至咄咄逼人。正常沟通都无法推进，遑论为申请加分。

所以，在沟通内容预备上，面试者要保持一定的灵活性，以开放、自然的心态应对。注意给沟通双方都留下言语空间，而不是过于以自我为中心，呈现出傲慢（arrogant）的印象，大大降低了个人形象和录取概率。

还存在一种情况，即面试者没有听清问题。这都是语言沟通中的常态。所以不用紧张，也不建议胡乱应答，可以及时礼貌地让对方复述问题。一般要求对方重述问题时，对方会换个更容易被理解的问法，保证沟通的顺利进行。

以上便是沟通形式和沟通内容两方面要注意的事项。把握好双方的身份及沟通的内容与目的，再加上合适得体的沟通形式，所有的双向交流都会有基本保障。

第五章

准备赴美

一般情况下，申请者会收到至少两封美国大学录取通知书。但因为学生最终只能入读一所大学，所以学生在录取后和赴美前，有个承上启下的工作，就是先要选定入读的大学。而且，美国学生签证也是以某一所大学为目标地来制作的。同时，选宿舍、选课、学费等都指向了这所未来的母校。

相对于申请阶段，赴美的准备工作是众多且琐碎的，整体上难度不大，但任务量也不小。不过准备周期很长，一般从 5 月一直延续到 8 月、9 月，申请者有充分的时间完成这些任务。但毕竟要远渡重洋去另一个国家求学，学生还是要以慎重的态度去完成准备赴美的各项事宜。

这些事宜涵盖各个方面，都需要学生注意。以入学流程为例，就包括缴纳押金以及选宿舍、制定餐饮计划、新生入学测试、大一选课、缴纳学费及其他费用等各种常见任务。同时，还有很多事要提前准备。比如办理留学签证，要求学生准备各项材料，还需要面签。留学签证的重要性不必多说，一定要办理好。

而赴美留学的担保金也有着很多作用，证明申请者有能力把学业进行到底，必须高度重视。此外，在正式赴美留学前，学生还要进行行前准备。其中，行李中该放入的东西五花八门，一定要有侧重点。文件资料、学习用品、生活用品等的准备，要做到心中有数。而机票购买与接机预订、入境入关等，也都有很多值得注意的地方。本章将针对入读美国大学前的事宜，来做详细讲解。

第一节 如何确定入读学校

一般情况下，4 月 1 日前所有的美国大学本科的录取结果会放出。按一般的流程，5 月 1 日前，申请者需要在已经录取的大学中选择一所大学，并提交订金（deposit），表明学生将会入读这所大学。对于录取结果晚于 5 月 1 日的大学，交押金的日期会有顺延。

如果申请时的选校得当，学生至少会收到两所大学的录取。否则，就是选校失当或申请过程中有严重问题。当然，常见的录取结果是大多数学生手上会持有 4 份及以上的录取。此时，如何确认入读的大学就成了一个新的问题。

◆ 考虑更严格的定校因素

这些录取信极有可能是同一排名段内的大学发出的，所以很多家庭未必能快速定下来入读哪所大学。毕竟，与申请时的“广撒网”不同，此时录取尘埃落定，选中的大学已经给出明确的态度，学生将面临“收网”的抉择。这也意味着，此时申请者所要做的是用“拒”大学的方式，来留下自己最想去的那所大学。这对申请者而言，是一个新的选择过程。

此时的定校因素应该变得更为严格，并且要加上现实性的考虑。然而此时定校的因素，与申请时选校时的因素并没有任何变化，因为各大学校并不会在三五个月内出现重大变化。因此，所要考虑的定校因素仍然是综合排名、专业排名、就业环境、地理位置、师生比、交通便利性、气候、学费等。不过此时定校，本质上是在选择自己的母校，因此，值得做更为细致的分析。

赴美留学作为一项费用不菲的教育投资，绝大多数的教育诉求在于学生在大学能学到什么。这也是留学的本质所在：获取更多的优质教育资源。因此，此时建议要重点考查一下各校具体的学术资源。比如同样的专业下，各所大学的课程、师资、实验设备、交流资源，以及实习、就业等机会是否有明显的优劣势。毕竟求学是留学的主要任务，就业或继续深造也是毕业后可能的后续选择。

因为学生一般会在该所大学待四年，地理、学费等更为现实的因素要加大权重。学生要用更为实际的现实逻辑去衡量目标大学，以免轻率做出选择后，在就读过程中出现不满意的情况。

◆ 通过反问了解自身需求

学生可以反问自己："大学四年后，你愿意戴上哪所大学的母校'头衔'？"此时，建议家长和学生可以开一次或多次的家庭会议，检视一下家庭对学生的教育规划和职业规划。比如，学生有读硕士或博士的深造计划，就可以设想一下未来六年或十年内的教育轨迹，如本科的学术氛围，或对学术基本功训练的期待。

如果学生对学习氛围和基本功训练要求高，此时就可以考虑师生比和学校基础课程的培养重点、实践及实验机会。如果计划四年大学毕业后在美或回国就业，就可以加大学校排名、专业声誉、地理位置（如大城市）等因素的权重，做出科学理性的决策。学生或家长可以制作一个对比表格，将目标大学的以上各因素以及自己认为重要的因素，做一个横向对比，比较出各种选择的优势。

根据以上原则和方法，一般很容易定出最终学校。当然，也不排除学生或家长用综合排名或地理位置来直接定出大学的情况。只要注重各要素的权重，一般最终情况无非是犹豫在"二选一"的情况下。此时，也可以咨询更为专业的老师，如有美国朋友，也可请他们做一下客观分析。

第二节　入学流程中的注意事项

定好入读的大学后，学生就应该着手准备入学，并对入学流程有充分了解。

◆ 及时交押金

学生需要及时交押金（enrollment deposit），押金主要是方便各所大学统计本学年有意愿入读的大一新生数量。一般情况下，押金数额从200美元到800美元不等。但也有例外，比如有些大学的特殊项目，如语言培训或大一的国外项目，会让学生快速交订金，且有时额度会达到上千美元。

注意，此类押金的性质是Non-refundable，即不退还的押金。如果学生最终没有入读该所大学，押金将不予以退回给申请者。学生最终入读，入学押金会在学生交付学费时，抵销掉学费和其他杂费的总额中一部分费用。

如果学生申请4月及以后截止的大学，录取通知会晚于5月，因此不受传统意义上5月1日前交押金的限制。这类大学需要申请者及时查看申请邮箱及大学录取信息查询系统，以免漏掉了一些心仪的Offer。建议申请者至少隔一天查询一次邮箱及申请系统，来保证信息的及时性。如果因各种原因错过了交付入学押金日期，可以在第一时间向该所大学招生办写邮件或直接致电，看有没有补交押金的可能。

交完押金后，这所大学即认为学生是大一新生（freshman）了。一般在交押金后一周到两周时间左右，大学会给新生分配一个校内带校名后缀的邮箱，通常是和Google合作的邮箱，来和学生沟通后续的入学事宜。

总之，交押金是启动入学程序的第一步。从这里开始，校方与新生之间的主要联系方式，将逐步从申请时的申请邮箱，向官方分配的校内学生邮箱转移。而后续信息及入学任务的发布，除了通过学生的校内邮箱外，大部分学校也会沿用录取信息查询系统，即上一章提到的录取信息查询的入口（portal）。

也有大学单独让学生注册正式的校内学生系统，方便通知和提醒学生后续事宜。各校在处理方法和方式上有一定的区别。关于入学任务，正常情况下大学也会预先给出一个总的时间线（timeline），提醒学生开学前所有要完成的任务及其时间点。

进入入学流程后，各美国大学的任务及进度会出现明显的不同，不能一概而论。但从经验角度来说，整体上私立大学略快，公立大学因为录取人数多会显得略慢，实际操作中需要新生们及时查询自己的入学进度。

◆ 入学常见任务

除了上述的勤查询来掌握任务进度以外，此处我们普及一下常见的任务。当然，最重要的是学生签证（F-1 Visa）的申请，我们将在下一节单独讲解。

因为网络的便捷，很多大学也开始提供线上迎新说明会（orientation），让学生事先了解后续的入学任务。如大学有这类说明会，新生可以参加一下。有些大学也提供了回放功能，学生可以反复熟悉。下面我们讲一下这些常见任务。

1. 选宿舍（housing）及饮食方案（meal plan）

一般大学会保证大一新生的校内住宿，当然也有某些私立大学允许学生住校外。但原则上，大一新生及大二学生的校内住宿都是有保障的。新生住校，不仅能快速熟悉和适应大学校园生活，同时也给学习提供了一定的便利性和保障，对于国际学生尤是如此。

大学会提供各样的宿舍供学生选择，比如单人间、双人间、四人间。部分大学还会提供公寓式的豪华房间。当然，价格也会不一样。大学一般会在官网及新生邮件里介绍大学的住宿地图，并附上各类房间的平面图及其价格。值得注意的是，部分大学的 housing 申请会启动得比较早，可能会早于交入学押金的时间，新生们要注意查询自己的邮箱和学校官网。而且，也有大学对宿舍的选择遵循先到先得的方案，所以存在“抢”宿舍的可能，申请者一定要注意及时按时申请宿舍。

同时，学校的餐饮计划也是多种多样的。各种套餐、各种餐厅的分布，都有详细说明。学生要注意住宿与餐饮，以及教学楼之间的距离问题，以免餐饮和住宿之间出现了较大的割裂，造成实际生活中的不便。而且很多大学在开学前就要求学生为餐饮卡充值，以保障学生一进校园就能解决餐饮问题。各校实际情况不一，需要新生仔细了解。

2. 新生的入学测试（placement tests）

测试内容一般是数学科目和英语科目。大学为了测查新生的英语写作及数学水平，入学前会提供线上或线下的测试，来对学生的英语和数学进行摸底。摸底测试一般会对新生大一的英语及数学选课级别造成一定影响，方便不同水平的学生，能上到更符合当前水平的课程。

学校会主动提供这类入学测试的内容范围，有些大学还提供数学样题，还有的大学提供了重考的机会。考试一般在网络上进行，但有些大学提供的是在国内的某线下考点，也有大学让学生可以选择到校后再实地参加测评。政策因校而异，新生们应该注意时间，如期参加考试。

3. 大一的选课

一般情况下，公立大学选课较晚，私立大学相对较早。学生需要按官方说明，了解大一的课程要求后，在自己可选的范围内，进行一个课程搭配。有资源，自然就会有竞争。在极端情况下，存在众多新生“抢”一些热门课程的现象。不过，大一课程相对固定，可选的范围很有限。但有时某些大学的选课时间很短，且有时学生人在国内，可能存在时差的障碍，需要新生提前了解和安排好时间。如果学生对选课不甚了解，可以咨询老师。很多大学有课程咨询老师（advisor），来为学生答疑和把关。

4. 医疗卫生

美国各州有各自的疫苗接种要求。国际生新生可能需要扫描以前的疫苗记录来上传给大学，同时很多美国大学会让新生在大学系统上如实填写自己的疫苗接种历史。中国的疫苗接种情况与美国疫苗接种的种类大致上不会有出入，但细节上还是有不同，常见的是疫苗接种时间或疫苗型号的差异。

很多时候，校方会给学生发一个疫苗表格（immunization record），上面会列出州政府要求的疫苗。学生在当地出入境检验检疫局及其指定的医院办理从中国出境的例行体检，即小红本“国际旅行健康检查证明书”和办理小黄本“国际预防接种证书”时，在疫苗科按美国大学的要求补打缺少的疫苗。需要医师签字的疫苗表格，也可以一并处理。

需要注意的是，国内可能会发生本地某种疫苗缺少的情况，因此学生最好提前检查疫苗接种记录，及时去做体检和疫苗接种，以免疫苗短缺需要等待，甚至得去外地接种的情况发生。一般情况下，学生也可以在美国补打疫苗。但是为了自身健康考虑，以及避免入境后发生不可控的情况，建议学生在国内完成疫苗。

另外，新冠肺炎疫情的发生，也让大学对新冠疫苗有了新的要求，需要新生特别关注大学认可的疫苗种类，并及时按要求接种。

5. 缴纳学费和其他费用（tuition and fees）

准确的学费一般会出现在美国大学发给学生的I-20表格上，但费用存在一定的浮动可能。因为这笔费用额度大，交学费的方式主要是汇款，届时家长可咨询各大银行的政策。有些学校仍然提供汇票等业务，但并不是主流。同时，市面上也有第三方平台开发了帮助学生交学费的业务，这类服务有一定的便捷性，但使用前要注意甄别，保证交易的安全性。

6. 订机票、购买用品等出行相关事宜

因标准不一，新生自行咨询航空公司即可，在此不予展开。

以上便是入学前新生面临的主要任务，在此只是做一下简要预告，不排除有其他新的任务要求。新生们首次操作，一定要有耐心，及时查清楚后再行操作。如有疑问，可以请教专业的申请老师，或者利用官网上提供的答疑的联系方式和向校方咨询。此类服务，一般由各所大学的国际生事务办公室（一般称为 international student services，简称 ISS，或类似的名称）来提供，在大学的官网上可以找到。

新生熟悉并操作了这些事务后，不仅在以后大二大三再操作时不会再陌生，而且也能预先锻炼自行解决日常任务的独立性，所以建议学生一定要亲自参与，而不是甩给申请老师或者家长。

第三节　如何办理留学签证

赴美留学要渡过重重难关和考验，除了要通过积极备考取得好成绩外，获得 Offer 后的准备工作也是重中之重。入学流程看起来很麻烦，但只要按部就班地去做，就能有条不紊地做好。其中，重要一项的是要获得学生签证。国际学生想顺利前往美国留学，获得学生签证不可或缺。那么，应该申请何种类型的学生签证？签证申请流程又是怎样的？要如何准备面签？

◆ 不同类型的学生签证

作为国际学生，赴美留学前需要先申请 F-1 学生签证、J-1 学生签证或 M-1 学生签证中的一种。根据学生将要在美国接受的教育类型不同，需要的签证也会有所不同。

整体来说，多数院校要求申请学术课程的国际学生取得 F-1 学生签证。如果学生计划在美国参与的是以工作或学习为基础的交流和访问学者项目，那么需要申请的则是 J-1 学生签证。

1. F-1 学生签证

F-1 学生签证是最常见的一种类型，凡是入读任意一所官方认可的美国高校、英语语言学院，或是所选课程每周课时超过 18 小时的国际学生均需要申请该签证。在美国院校（被 SEVP 认证的）接受了学生申请，F-1 学生签证的流程也就开始了。

获得了 F-1 学生签证的国际学生需要在 I-20 表内（此表还被称为非移民学生资格证书，由录取学生的美国高校出具）所示的到期日之前完成学业。也就是说，如果到期日显示为 2025 年 6 月 30 日，那么学生必须在此日期之前完成学业，取得学位。

2. J-1 学生签证

J-1 学生签证还被称为交流访问学者签证，是计划参与以工作或学习为基础的交流访问学者项目的学生所必需的，这些项目一般由美国国务院教育文化局指定。

3. M-1 学生签证

M-1 学生签证适用于赴美目的为非学术的，或参加烹饪、美容和技术课程等职业学习的国际学生。请注意，持 M-1 学生签证赴美留学的学生只有在完成所有课程之后，才可申请全职参加工作。

◆ 留学签证办理流程

相对来说，学生重点要关注的就是 F-1 学生签证。下面给大家整理的，就是留学签证办理的流程。

第一步：核对学校材料

在缴纳押金并确认入读后，你通常需要进行两步操作：

①在查状态的系统里下载核对并打印好录取信（或者保存在邮件中的附件）；

②第一时间根据学校给出的 Next Steps 指南，提交有效期半年以上的护照、存款证明、资金表格等材料并申请 I-20 文件。

由于疫情的影响，绝大部分美国大学都会直接下发电子版的 I-20，无需学生再去 UEMS（eShip Global）支付快递费并等待纸质文件。收到 I-20 文件后，务必核对基础信息，如姓和名是否写反，出生地是否有误等。如有以上问题，需要第一时间联系学校，进行修改。此外，对于申请 I-20

转换的学生，还需要确认新的 I-20 上的 SEVIS ID 是否和之前的 I-20 一致，是否转换成功。如有 ID 不一致，即使学生签证还在有效期，也需要重新面签。

I-20 确认无误后，需要打印出来留存好，并在 Student Attestation 部分，画 × 的位置签上自己的名字和日期，姓名顺序为：名在前，姓在后。

第二步：签证预约三部曲

关于面签预约需要用到的三个必备网站，已经给大家整理好：

面签预约的三个必备网站

DS－160 填写网站	https：//ceac. state. gov/GenNIV/Default. aspx
签证预约网站	https：//cgifederal. secure. force. com/language = Chinese% 20（Simplified）&country = China
SEVIS 付费网站	https：//www. fmjfee. com/i901fee/index. html

关于 DS-160，选择计划面签地点，选择 Start 新建申请或 Retrieve 调出申请。值得注意的是，DS-160 申请页面如果超过 30 秒不操作，就会自动退出，务必养成随时保存的好习惯。所有的信息提交后无法修改，所以一定要保证准确无误。提交后，需要下载 DS-160 确认页，并打印带去面签。

关于签证预约，支付面签费用后，进行面签时间和地点预约。预约完成后，需要下载签证预约页，并打印带去面签。

第三步：准备签证材料

下面，先列出一个美国本科签证材料清单，主要包括：

个人信息类：有效期 6 个月以上的护照；本人身份证及旧护照（如有）；白底免冠签证照片（51mm＊51mm）；托福、雅思、多邻国英语测试等语言成绩单；根据疫情防控政策，携带核酸证明（具体政策可通过国务院客户端小程序查询）。

签证预约类：DS-160 确认页；签证预约单；SEVIS 付费收据。

毕业院校类：高中/本科阶段最新的成绩单（中英文件）；在读证明

/毕业证（根据签证时间决定，中英文件）。

就读学校类：大学录取信；签好字的 I-20。

资金类：存款证明，建议为 60 万～80 万人民币的定期冻结存款。存款冻结3 个月左右，涵盖签证时间即可（可以用办理I-20 的存款证明，注意不能是理财证明），名字可以是学生本人或家长（保存好原件，签证通过后可以随时解冻）；父母工作收入证明；房本与车本。

以上文件有相互辅助的作用，向签证官展示家庭有能力支付学费、国内稳定的工作和财产会提高学生回国的约束力。其他材料不强求，如银行近半年流水单、营业执照副本原件（如名下有公司）以及验资报告和审计报告等。

准备好所有的签证材料，就可以去面签啦！

小贴士

面签注意事项：

①不要带手机和电子设备，大使馆对面一般会有存包处；

②建议提前 30 分钟到。一般提前 15 分钟排队，会检查护照、DS-160 编号以及签证预约单是否匹配（个人信息、签证时间等），并给护照贴条。千万不要迟到。

面签流程：

①进行安检；

②录指纹：左手四指、右手四指、双手大拇指；

③根据场内工作人员指引，按顺序排队；

④签证面谈，拿到面签结果（通过、被拒、行政检查）。

可能在 F-1 签证面试中被问到的问题：

你为何选择这所大学？你为何希望到美国攻读学位？你选择的专业是什么？你还申请了哪些美国大学？你将如何支付你在美国的学习和

生活费用？你在美国有亲属吗？你打算在美国工作吗？你毕业后的计划是什么？

美国学生签证为非移民签证，因此申请者不可以有任何的移民倾向。

第四节 赴美留学担保金，有这些关注的要点

存上担保金是留学过程中必须关注的关键节点。正所谓“兵马未动，粮草先行”，足够的资金准备是出国留学的底气和必要条件。除了必要的学费、住宿费、生活费等之外，留学担保金也必不可少，它在申请学校、获得签证等方面发挥着巨大作用。

通常而言，留学担保金多少不一，往往会根据留学国家、学校的学费和生活费等而定。留学担保金的意义和作用，则主要用于判断留学生是否有足够的经济能力保证完成学业，而不会出现意外的辍学等情况。对学校和学生而言，这都是经济层面的一种保障。

赴美留学的担保金有何作用？准备时该注意哪些方面？又需要准备多少钱呢？不妨一起来看下吧！

◆ 担保金作用多多

赴美留学的担保金，又被称为“押金”“保证金”等。其实，这只是国内习惯的叫法，并非一个正式称呼。因为在申请留学时，申请者并不需要把钱交给第三方进行担保。

说到底，担保金只是学生申请学校及办理签证的时候，提供给学校及使馆的一个证明，证明自己有足够的资金能力去留学。从这一点看，担保金与传统意义上的“押金”“保证金”等还是有本质区别的。搞清楚了担保金的真正概念后，就必须知道它的实质性作用。担保金的作用，

主要体现在两个方面。

第一个方面为用于申请学校。不少学校会要求国际学生提供第一年的资金担保。尤其是想自费就读的申请者，至少提供一年的资金担保，有可能增大自己被录取的机会。需要注意的一点是，赴美留学担保金需要在申请前就准备好。因为现在申请院校时部分学校需要随申请材料一同递交资金证明，否则算作申请材料不完整，会影响申请进度。

第二个方面，学校录取通知下达以后需将担保金的相关证明给使馆看的，这涉及签证的办理。签证官（VO）会通过存款证明中的数目等，看申请者是否有足够的钱去美国读书。

◆ 担保金的注意事项

准备赴美留学担保金，有很多值得注意的事项。虽然美国学校、使馆在存期上对担保金没有明确规定，但是尽可能准备一个长期的存款，可以尽量提供 3 个月乃至半年以上的存款。

而且在办理签证时，一般使馆对于担保金的要求是足额足期的存款，不认可股票、基金、理财等形式。房产、车子、股票、基金可以作为辅助材料提交，但要求必须是原件，这样才真实可信。同时，最好选择国有银行或股份制银行存入担保金，不要存入地方性的信用合作社，后者的受认可度不足。

按照常理来说，本人、父母、同父母的兄弟姐妹、配偶、爷爷奶奶、外公外婆等，都可以为存款人。不过担保人最好是本人或父母，因为只有父母对子女有抚养和教育的义务和责任。其他亲属提供经济担保容易引起签证官的怀疑和警惕，因为旁人没有对学生进行抚养、教育的义务。

此外尤为需要注意的一点是，要在担保金的来源上有充分准备。存款一般来说，要与收入相匹配，而收入情况要与工作单位、职务等相吻合。如果担保金没有合乎情理的来源，签证官有可能拒签。签证官如果有理由怀疑担保金可能是借款，就有可能做出拒签的决定。

◆ 担保金的数额

对赴美留学担保金的数额并没有硬性要求。一般来说，只要能够覆盖申请者去美国读书第一年所需的学费、生活费等费用即可。关于多少钱算“足够多的钱”，各个学校各个项目还不一样。总的来说，40 万 ~ 50 万人民币是足够满足 90% 以上的学校要求，70 万 ~ 80 万人民币亦可。

相对来说，所在城市越大、排名越靠前的学校生活费、学费较贵，需要准备的担保金也会更多一些。另外一项影响因素就是专业，医学、法学、商学等专业会比较高一些。

建议申请者做好十足的准备，尽可能存够所需的费用，增加成功的机会。此外，签证通过之后，担保金就可以用作他途了。如果不放心的话，也可以存放到获得签证后一段时间。

第五节 行前准备攻略

恭喜你成功度过申请季并获得心仪的 Offer，即将踏上赴美留学的征程，搏击时代风浪。那么在赴美留学前，到底还有什么具体事宜或需要准备的东西呢？来，这份行前准备攻略，让你轻松搞定留学前的最后一关。

◆ 行李清单

赴美留学时，行李箱应该都装些什么呢？主要包括下面这些东西：

1. 文件资料

护照：护照原件是必备的，并且需要随身携带，最好准备电子版的和复印件若干份。

I-20 表格：它是赴美留学的最重要文件之一，部分航空公司办理登记时会检查 I-20 表格。所以，最好提前准备好并放在方便拿取的包里。注：若有转学记录的同学，要提前准备好所有的 I-20 表格（入关需要提供完整资料)。

录取通知书（Offer)：录取通知书需要提供原件，如没有邮寄的原件，要提前彩印好。

成绩证明（毕业证书和成绩单)：要准备好上一级的学历证书和成绩单原件。还有出国类考试的成绩单：托福、GRE、GMAT、SAT1、SAT2 原件（最好也准备好英文版本的成绩单)。

体检健康证明及疫苗接种本：如果美国大学对健康有明确的要求，则按照学校的要求办理（注：学校一般都没有体检的要求，只有疫苗要求)。如果没有明确的要求，一般建议在国内接受一个常规的出入境检查。

体检所需材料为有效证件、照片、学校的疫苗表格（如有)，曾接种过疫苗证明（如有，可避免重复接种)。如果学生的签证时间距离开学时间特别近，则需要提前做体检以节省时间。体检需要提前预约，可在公众号“海关总署国际旅行卫生保健中心”预约。

驾照：中国驾照不能直接替代美国驾照，但是可以凭此减免一项美国驾照的考试。

2. 学习用品及资金

教材、参考书籍：根据学校官网信息，事先了解教材，可下载电子书或者租赁书籍（比较经济实惠)。

移动硬盘：携带一个存储空间比较大的硬盘（U 盘也可准备一个)。

美金：准备 5000 美元现金。超过 5000 美金需要申请现金携带证明。一般来说，5000 美金足够使用。

3. 通信

手机卡。美国有四大手机卡运营商（Verizon、AT&T、T－Mobile、Sprint)，其中留学生使用 AT&T 最多。

手机卡支付分两种，分别为 Prepaid（每月使用稳定)、Postpaid（每月超量使用)。建议出国前，购买一张美国电话卡。常规电话卡可在学校附近的运营商店办理（提前查询自己的手机型号是否支持美国运营商的高速网络）。

通信事项：住宿地址和联系人两份（分别收好）；在美国紧急联系人的联系方式两份（分别收好）；国内人员通讯录电子版一份（存手机或者电脑里）。

地图：校园地图、学校所在城市地图（提前找到，打印放在书包）；提前下载好谷歌地图 app（下载后支持离线查询）。

4. 生活用品

常用药品：止泻药、感冒药、退热药、跌打药、蚊虫叮咬药、肠胃药、外伤药、抗生素及其中英文说明。

衣服：带当地季节的衣服。

转换插头：中美的插头标准不一样，需要准备转换插头。

眼镜或隐形眼镜：建议在国内配好两副眼镜（国外配眼镜的费用较高，也可以准备隐形眼镜）。

电子产品：手机，充电器，电脑（建议在国外购买，凭学生证有折扣），U 盘（用于存储或复制 PPT）；录音笔，如果全英文的课程跟不上，可以先录下来，课后重听学习。

零食：具有家乡特色的食品，例如老干妈、榨菜、火锅底料、方便面等。

◆ 了解出国事宜

在正式出国留学前，要对机票购买、入境前后的相关事宜了解清楚。主要包括以下几个方面：

1. 机票购买与接机预订

机票购买：7—9 月是暑假和学校集中开学，机票价格会比较贵，因此建议经常关注比价网站，至少一个月提前预订机票。

接机服务：收费接机服务，可查看学校官网看学校是否提供接机服务，如有一定要确定是哪个机场，学校一般只会提供部分机场的接机服务；免费接机服务，免费服务大多由一些学生社团提供，而且往往不止一家，美国的大学社团非常活跃，对新来的学生更是关照有加。

2. 入境入关

到达美国机场后，学生首先需要过美国海关。排队验关时不要左顾右盼，犹豫不决，更不可看另一行通关迅速而临时换一行排队，而变得“形迹可疑”，以至于受到仔细盘查。

如移民官对入境者有所怀疑，或者被随机抽查时，登机证上就会被盖上 SSSS 字样，入境者需要到二次检查区域等候检查。入境者需要脱掉鞋子和腰带，外衣如有金属品，可能会被要求脱下检查，也可能会被简短的问话。如遇这样的情况，学生请保持镇定，如实回答即可。

一般情况下，海关工作人员会核对你的 护照信息、I－20 表格，查看有效签证。同时，持有 F－1 签证的学生，需要向海关表明入境目的是去美国上学。此外，海关还需要收集双手指纹，询问你的学校、专业以及住址等个人相关信息。

另外，近几年开始在入境环节会检查部分入境者的社交网络账号，请大家赴美之前对相关账号进行自查。面谈结束后，请径直去取行李，不要在入境区域逗留。如需在美国境内转机，一般先取出行李，重新 check in（以航空公司规定为准）。因此在购买机票时，一定要关注转机时间，建议至少预留 2 个半小时。

过完海关后，就可以根据机场指示去提取行李了。如果找不到行李，不要紧张，持登机证上的行李注册存根向航空公司查询。如果还是找不回来，则须填写报失单，并记下机场服务人员的姓名及电话，以备日后询问。

取完行李之后，就可以径直往机场出口走。需要注意的是，路上会有工作人员收取在飞机上填写过的那张美国入境海关申请表。工作人员会抽查行李，如果工作人员没有喊你停下来，把表交上去就可以走了。注意不要帮任何人带行李过海关，小心别人利用你夹带违禁品。

大鹏一日同风起，扶摇直上九万里！希望每一位学生，都能走到最后一步，用上这份赴美留学行前准备攻略。

第六章 在美学习

学生去美国留学的最重要任务，自然就是学习。而学生在美国学习的时候，既要选择喜欢的课程，也要注意获得奖助学金来支撑自己的学业。此外，学生更不能在学术方面犯错，免得让自己的所有努力和心血付之东流。

比如在类型繁多的课程中，荣誉课程项目备受学生青睐。这是因为荣誉课程有种种优势，能够为学生的成长添砖加瓦。而申请荣誉课程，也需要有一定的技巧。美国大学的奖助学金发放数量很多，能覆盖大多数学生，但也要注意申请步骤，并准备好相关材料。同时，学生在美国学习的过程中一定要注重学术诚信，千万不能被认定存在学术不端的行为。

那么，荣誉课程的本质为何，优势有哪些，又该如何申请？美国大学奖助学金有哪些类型，具体的申请步骤及材料如何提前掌握？学术不端行为如何认定，又会导致哪些严重后果？本章将针对在美学习需要关心的事项，来做详细讲解。

第一节　详解美国大学荣誉课程

美国高等教育的初衷是为全社会各行各业培养合格人才，所以它的课程设置非常有特色，主张因材施教。比如圣约翰学院有“巨著课程”（Great Book），非常接近古希腊时期的贵族教育，主张学生具有渊博的学识。

而更被家长和学生所熟知的，则是荣誉课程项目（honors program）。在申请季，荣誉课程也是家长和学生重点咨询的对象。什么是荣誉课程？怎么才能上荣誉课程？荣誉课程有什么好处？荣誉课程用不用申请？为解答一系列问题，下文带来详解干货。

荣誉课程项目的本质与历程

荣誉课程项目（honors program），是指专门为追求更高学术目标的优秀本科生设计的更深层次的课程，给优秀的学生提供更优质、更专业的学术资源和学习环境，使那些成绩优异的学生能够享受到更充分的专业发展和提升，以培养精英人才为目标的课程形式。

这意味着，学生不仅将获得更多挑战自我的学术机会，发挥最高潜能，同时也意味着将获得更为广阔的就业及未来发展机会。而且荣誉课程是独立于一般课程存在的，由学校里最著名的教授以小班授课的方式上课。学校也会为荣誉学生设立单独的奖学金，非荣誉学生不能申请。

荣誉学生在本科毕业时，拿到的学士学位证上的内容也与普通学生的大不相同。除了常规的内容外，还会印有“荣誉学位”的字样。用拉丁文标注如“summa cum laude”“magna cum laude”“cum laude”等字样，这将为学生日后的升学或求职提供更多的便利。简单来说，荣誉课程类似“实验班”，主要以培养尖子生为主，非普通学生所能接触。

荣誉课程的发展，经历了时间的洗礼。早在1903年，哈佛大教授A. Lawrence Lowell第一个尝试提出建立荣誉学院的原型概念。至1909年，耶鲁学院校长Arthur Twining Hadley也提出过荣誉课程，不过并未展开具体的计划。

现代意义上的荣誉课程实际上是始于斯沃斯莫尔学院校长Frank Aydelotte设立，并到20世纪30年代受到广泛认可。目前，美国大部分的高等院校在本科教育阶段都开设有荣誉课程项目，甚至一些美国大学还设置专门的荣誉学院（Honors College）。由此看来，荣誉课程已深入人心，被广泛接纳和肯定。

◆ 荣誉课程的优势所在

每一个独树一帜的课程，都有其独特之处和显而易见的优势。以布朗大学、阿默斯特学院、维克森林大学实行的开放课程为例，没有固定的主修课程和辅修课程的要求，只提供包括独立学科、多学科、跨学科和综合学科在内的多种课程。学生需要自行确定自己适合的课程。在开放课程之下，学生的个性、需求以及独立负责的精神，会得到最大程度的发展。

荣誉课程的优势，也非常明显。荣誉课程采取小班教学方式，基本上由本校最著名的教授上课。授课方式多为讨论式，所以荣誉学生会更容易与授课教授互动，也能获得更多的关注和指导，获得教授的推荐信和接触更多科研项目的机会自然也会更多。

另外一点的好处在于，荣誉学生有课程优先注册权，可以比其他非荣誉学生更早选课。这样一来，荣誉学生自然不会遇到常见的“熬夜选课”事情。而且美国大学会配置专门的荣誉学生指导老师，荣誉学生能够预约咨询。诸如选课、注册、专业方向探索、研究项目等问题，可迎刃而解。

学校对荣誉学生也是高度重视，毕竟后者将来有可能取得更大成就，也更有可能反哺学校。因此，学校会给荣誉学生设立荣誉奖学金及荣誉住房。对于这些资源，普通学生可望而不可即。同时，每个大学都会有自己的荣誉学生协会。协会定期举办各种会员主题活动，这对荣誉学生搭建校友人脉有很大帮助。

从长远来看，成为荣誉学生也会对学生自身发展有更大的帮助。比如在申请研究生、博士时，在申请材料里注明是荣誉学生的话自然是加分项，学生容易脱颖而出。同样在找工作时，学生可以在简历中标明自己是荣誉学生，也更容易博得企业的青睐。

◆ 申请荣誉课程

一般而言，美国大部分的大学是不需要新生单独申请荣誉课程项目的。美国大学录取办公室在审阅申请人的申请材料时看到资质优秀的申请人时，就会直接发出邀请。能够收到邀请的主要考评标准是全面的，但主要着重于学生高中期间所学课程内容（课程难度）、GPA、所在学校排名，以及 SAT/ACT 的分数，荣誉学生的邀请会在每年 3 月底前后发出。

当然，也有学校的荣誉学员或荣誉课程是需要单独申请的，截止日期可能要早于 RD 批次。各大学政策不同，需要学生及家长自己留心。如果学生已经被美国大学录取，并开始读大一、大二或大三了，一样还是有机会的。在校学生的荣誉课程项目是每年秋季学期开始的时候申请，但大部分学校学生需要满足以下条件才有资格申请：

之前已在该校所学课程的平均 GPA 在 3.5 及以上（但大部分荣誉学生的平均 GPA 是 3.85）；

主修专业和必修课程上的表现优秀、成绩优异；

申请学生要在自己所学的专业、研究领域及特色活动领域有出色的表现。

申请荣誉课程时，至少还需要修 60 个学分。比较适合申请成为荣誉学生的年级是大二或大三。

小贴士

①荣誉学生大学期间学习的课程不全都是荣誉课程，只有部分是，比较合理的选修数量是每学年选修两到四门的荣誉课程；

②大部分的荣誉课程是鼓励学生探索新的课程，采用不同的方法研究，会比一般课程要求更严格，但不是更难；

③荣誉课程每门课程的学费与一般课程费用差不多，有的会比一般课程更便宜，并不会比普通课程的学费贵。

值得注意的是，荣誉课程的考核相对于一般课程来说要求会更严。如果学生 GPA 达不到要求，会被迫退出，造成 GPA 被拉低。所以能够上荣誉课程的学生需要更加用功和勤奋，因为美国大学评定学生的标准是按学生所学的各门成绩来评定的。

不然最后 GPA 很可能还没有那些没上荣誉课程的学生分数高，这样毕业的 GPA 就会非常不好看，学生在申请研究生时就会受到影响。因此，学生还是要理性考虑选择。

希望各位学生在充分了解美国大学的特色课程后，结合自身具体情况，选择最适合自己的课程模式，进而开启美好人生新旅程！

第二节　美国大学奖助学金详解

U. S. News 此前发布的榜单显示，美国连续数年成为全球教育资源优良的国家之一。也正是美国优秀的教育资源，吸引来自全球 224 个国家和地区过百万的国际学生前去学习深造。

必须提到的是，美国大学的学费非常昂贵。即使是美国人也会从孩子小的时候，就为后者不断积攒教育基金，以供上大学之用。同样，对从海外赴美留学的学生来说学费和生活费也都是一笔不小的开支。动辄几十万的学费、花费不小的生活费、必需的保险、假期回家的机票费用等，都是不容忽视的开销。在这样的情况下，如果能够获得美国大学提供的奖助学金，无疑能够帮助家庭减轻负担，也能让留学生更安心地完成学业。而在美国成熟的教育体系中，奖助学金也是重要一环。据悉，每年会有数十亿美元的奖学金和助学金提供给学生，而且是所有类型的学生都有机会获得。

很多家长和学生关心的问题在于：奖助学金都有哪些类型？奖助学金如何申请？申请难度大不大？通过对美国大学奖助学金的详细解析，这些问题会得到解答。

◆ 奖助学金类型

无论是奖学金，还是助学金，本质上都是发给学生的金钱，能够让学生更从容地缴纳学费或用作日常支出。但二者依然有着明显的差别——助学金是发给学生的一种补助性资金，让学生用作个人消费等。奖学金则是为了更好地鼓励成绩、表现等较为优秀的学生，是一种激励性资金。这也意味着，奖学金是可以写在履历上的重要荣誉，对学生未来接受更高层级的教育或找工作等都有益处。

美国大学提供给学生的奖助学金不但金额相当高，种类也是令人眼花缭乱。对于想要申请美国本科的学生而言，美国大学提供的奖助学金包括两种：基于资金需求的助学金（need-based financial aid）和基于优异程度的奖学金（merit-based scholarship）。

1. 助学金（need-based financial aid）

助学金是根据家庭经济条件给予经济援助，包括奖金、贷款、费用减免、校园工作机会等。提供此类助学金的学校，分为 need-blind、need-aware 或 need-sensitive 两种申请政策。

①need-blind 的学校在审核申请材料时不会关注请求者的经济状况。

也就是说，不管申请者申请的 financial aid 的金额是多少，都不会影响最终的录取结果。

②need-aware 或 need-sensitive 恰恰相反，采取这种政策的学校会考虑你是不是申请助学金，会直接影响录取机会。

需要注意的是，如果学校不能满足你的资金补助要求，即使各方面都满足学校录取条件，学校也可能会以“不能为你提供所需的资金补助”为理由拒绝录取你。

2. 奖学金（merit based）

奖学金即是看申请人的优秀程度给予奖学金。大部分学校会根据学生的申请材料审核评估，如果特别欣赏你的优秀、才能及潜力，会主动给提供奖学金，金额一般在每年两千至两万美元之间（不超过一年学费的一半），也是吸引你最终择校时选择该校的一种手段。

少部分学校需要填写奖学金申请表，甚至需要一些额外的推荐信。金额视不同项目资金池决定。可以在申请时同步申请，或录取后申请，看学校的不同要求。

3. 学院助学金（fellowship）

顾名思义，学院助学金是由大家申请和就读的学院提供的。和其他奖学金类型比较，学院助学金的申请难度相对大一些，对学生的各方面要求更高，竞争也比较激烈，但是给予的金额通常也是最高的。学院助学金覆盖了方方面面，它不仅包含全部的学费、住宿费和书本费用，还会为学生提供一部分生活费。在物价高昂的美国，学院助学金可以帮助学生减少很多经济压力。还有一些学院助学金会为学生提供研究经费，包括以研究为由的差旅费、实验费用等。

4. 奖学金（scholarship）

奖学金在美国的学校有很多种形式，比如 economic scholarship 和 graduate scholarship 等。它和国内的奖学金很类似，是颁发给成绩优异的学生。每个学校、每个学院的 scholarship 的金额、评选标准等都有所不同，学生可以根据自身条件来同时申请多个 scholarship。

和 fellowship 相比，scholarship 金额小一些，通常是一笔固定数量的钱，但是并不减免学生的学杂费。也就是说，scholarship 更像是每个月给学生的一笔零花钱，来补贴学习或生活上的支出。也有一种特定的 scholarship 是专门免除学杂费的，叫做 tuition & fees scholarship。获得这种奖学金的学生就不用支付学费了，但是生活开销需要自己支付。

5. 学费减免（tuition waive）

在一些美国学院中，设有全免学费的奖学金，获得者将被学校减免当年的学费。学费减免一般是和录取一起发放的，所以申请时提交的学生条件就是学校的审核内容。金额一般能达到免学费，少的也能减去 50%。但除此之外不会给学生提供经济上的帮助。获得 tuition waiver 的学生，也可以同时申请其他形式的奖学金。

◆ 奖助学金申请步骤

1. 联系学校并给学校发邮件简历

邮件内容要包括详细回邮地址信息、本人所修的学位以及专业、拟入学时间（学期）等，更加重要的是一定要突出自己的标准化成绩，另外也可相应介绍自己的背景。这些都是校方会考虑进去的因素，取决着你能不能申请到助奖学金。最后，索要美国奖学金申请表。还需要与自己的导师积极沟通，做到万无一失。

2. 参加必要的留学考试

美国大学的奖学金是按需分配的，所以标准考试成绩是校方衡量的一个重要标准。在美国，TOEFL、GRE、GMAT、LSAT、TSE 等考试成绩都受认可。

◆ 奖助学金申请材料

1. 填写各种表格

在你发出邮件后校方会寄来各种表格，包括奖助学金申请表、录取申请表、财力证明表等各种表格。这些表格一定要认真如实填写，比如录取申请表中所获得的荣誉是校方比较看重的，所以一定要认真填写。

2. 推荐信的撰写

推荐信是由申请人所在的国内学校里的导师所写的推荐信，主要是用于国外学校了解申请人在国内学校的学习能力、在校表现状况、所取得的成绩等，一般要求 2～3 封推荐信。

3. 个人简历

如实地按照格式交代清楚自己的信息即可。

4. 申请人读书计划

读书计划是在申请期间按照学校的要求写一篇有关申请人过去背景、目前成就或是未来计划目标的文章。读书计划需要创新、有吸引力但不宜夸张，整篇文章的立意是积极向上的且内容合理。

5. 成绩单

成绩单由学校专门负责学生成绩的部门开具。

6. TOFEL、GRE 等成绩

需要特别申明的是，这两种成绩都需要申请人向美国教育中心提出向其申请的学校寄送这两种申请单，私自寄送的一般是不予受理的。

申请材料的准备十分繁杂，且容不得一点粗心大意。一套经充分准备的申请材料，若内容丰富则能够提升获得奖助学金的概率。其次，在择校的时候，一定要看清楚学校要求。

◆ 奖助学金申请难度

美国大学奖学金发放情况每年略有不同，比例在 6% 到 10% 之间，不同学校和专业也有差异。从专业方面来看，通常理工科专业的奖学金比文科、商科更容易申请。

最容易申请奖学金的是数学、统计学、建筑、材料、环境、生物、化工等专业，以及一些相对“冷门”的文科专业如文学、历史、政治学等。留学申请最热门的专业，也是申请奖学金难度最高的专业，比如金融、市场营销、计算机、工商管理等。

从学校方面来看，通常顶尖的私立院校奖学金数量最多、金额最高。但是由于申请者多，竞争也最激烈。公立大学由于有政府拨款，奖学金也很丰富，虽然金额一般，但是公立院校学费本身较低，所以综合来看还是能够减少很多经济压力的。

在 U. S. News 的年度调查中，890 所美国本科院校提供了自己在 2020—2021 学年对国际学生的经济援助数据。其中，平均援助金额约为 20 867 美元。而在 10 所对国际学生提供奖学金最友好的大学中，平均金额超过了 64 700 美元。

以哥伦比亚大学为例，捐赠基金在 2021 年达到 143. 5 亿美元，在所有学术机构中名列前茅。哥伦比亚大学不仅自己有钱，也舍得在国际学生身上花钱。获得奖学金的国际学生数量为 287 名，平均金额达到 70 807 美元。要知道，哥伦比亚大学的本科生国际学生总数约为 700 多人。近 40% 的国际学生都能获得奖学金，比例已经非常高。

在美国留学，奖助学金的申请并没有想象中那么难，当然也不会特别容易。但只要学生保持强劲的学习动力、拼搏进取的决心，就能在与众多优秀学子的竞争中脱颖而出，最终将奖助学金揽入怀中。

第三节　学术不端行为认定及相关后果

学术诚信，是学术交流和自由思想赖以生存的基础。学术界认为每个人学习的知识和思想，都有可能对未来世界和他人生活产生持久的影响。这些知识可以来源于日常学习、研究、积累、论文，以及国际知名教授的实验室。

学术界最重要的价值观之一，是思想的自由流动与尊重他人知识产权之间的平衡。其中，尊重他人的知识产权是学术的灵魂。学生、学术人员和研究人员未经许可，不得使用其他学者和研究人员的成果。而且学术不端行为认定，有严格的标准。同时，被认定学术不端的行为，还会带来较为严重的后果。

◆ 学术不端行为认定

在论文中适当的引用是合法合规且合乎学术要求的，但必须标明引用的出处。未经作者许可，即使是自己的教师也不得传播或发表学生的论文。而未经教师或教授的书面许可，学生不得分发或发布他们在课堂上获取的讲义、考试大纲、教学大纲等任何课堂材料。

学生提交的任何以自己名字命名的作业、研究成果、设计稿、代码、论文或报告等，均会被视为自己的原创作品。在创作原创作品的过程中，以下行为都会被认为是学术不端。

1. 抄袭

在自己作为原创者写作业或论文的过程中，在没有适当参考的情况下从其他来源（包括自己以前或同时提交的课程作业）复制文本或想法，就构成抄袭。要非常注意的一点是，即使复制自己以前提交的作业也构成抄袭（自我抄袭）。抄袭的形式还包含引用他人的单词或句子时没有带引号；从他人作品中转述的未被他人认可的段落；使用他人的想法、录音、计算机数据或图像等。

另外一种情况，是学生在没有充分承认其来源的情况下展示他人的作品，当作是自己的作品。这种情况会构成比抄袭更严重的学术剽窃，是一种严重的学术欺诈形式。哪怕学生只是引用了一句话也需要标注来源，否则就会被认定为剽窃。

此外，未能准确引用他人的观点、引用来源与内容不符（这容易发生在习惯于完成写作后统一标注引用的学生），这些细节问题如果处理不当，也可能被当成学术剽窃。

2. 没有独立完成作业

在美国，老师很推荐复习讲座、阅读材料以及为考试而在一起学习讨论，但要求家庭作业独立完成。作为家庭作业的材料，应是自己独立工作的结果。

有些作业，如辩论论点的准备工作可以在一个小组中一起完成。大多数情况下，除了统一的分组、小组作业外，学生是不可以一起讨论写作业的。尤其是学理工科的或者艺术的学生，是绝对不可以讨论的。比如写程序，讨论后从源代码的逻辑思维就可以看出一致的痕迹。艺术设计方面，经讨论的成果也很容易类似。

通常来说，教授收到学生上传的作业后，不需要亲自一一对比，只需通过在线比对的软件自动扫描查重就能发现。查重的范围包括网络资料、往届学生作业、同班同学作业等。即使你用了“一起讨论思路”的解释也是不被允许的，因为老师要求独立完成作业。

3. 作弊

作弊是指学生通过一系列不诚实的方法，欺骗评估该学生表现的教师或其他个人，使其相信自己对某门学科的掌握程度大于自己对该学科的实际掌握程度。

作弊包括但不限于：

在考试期间携带或访问未经授权的材料（比如携带笔记、书籍，或通过手机、计算机、其他技术或任何其他方式访问信息），或为学术不端行为/不诚实行为提供帮助（比如通过手机、计算机、其他技术或任何其他方式共享考试副本，允许他人在考试中抄袭自己的答案）；

除非教授主动分享往年试题，否则私自收藏、在复习或模拟测试中使用往年试卷就算考试作弊；提交从他人工作中获得的考试答案，或在教师未明确允许的情况下在考试期间向他人提供答案或帮助；

考试时除了跟助教和教授讲话之外，跟其他人说话，不管话题内容为何，哪怕是借文具；

为分配的小组项目提交小组成员工作的评估，该评估歪曲了另一个小组成员所执行的工作（即夸大某个小组成员的工作能力和工作量等）；

更改或伪造学术文件，包括但不限于招生材料、学术要求、成绩报告，或添加/删除表单或课程注册表单等（即材料造假）。

4. 找人代写论文和作业

美国大学对日常的作业和论文要求很高，作业对整体成绩的影响会比较大。考试也有两种主要的期末考试形式，一种是当堂考试，另一种是论文写作。

对于学习文科及商科的学生来说，论文写作已经是家常便饭，期末考试中大部分形式都是以完成论文为主。而跨国代考、代写作业等，甚至已形成商业作弊产业链。只要几百美元，代考机构承诺帮学生考到 B 以上的成绩，如果达不到承诺的成绩还可以退款。这对于部分写作能力不强、平时学习不认真的学生或者表达能力较差的学生，具有很大的诱惑力。他们本来就挣扎于学业的压力，很容易会考虑让他人代替自己写作业、论文或考试。尤其是代考很容易令人深陷其中，一旦试过第一次获得了比较好的结果并且没有被发现，就会慢慢地越陷越深。在这种情况下，代写作业和论文者所写与学生自己平时所学内容不一样，作业和行文风格也不一样，很容易导致被发现并造成非常严重的后果。

另外，部分成绩好的学生碍于面子，会帮助一些学习比较差的学生代写或代考。一旦被发现，代写或代考的学生也会被美国学校开除。

5. 找人代上网课

美国中部一所大学曾经发生过上百位留学生向某教育机构团购代课服务，让别人代替自己上网课的事件。后来被学校发现以后，这上百位学生受到临时停课的处罚。尤其是疫情期间，由于时差原因，很多课程会安排在晚上或上午，不少留学生希望晚上的时间用于娱乐和聚会等，根本就不愿意自己上课。如果课程比较早，学生不愿意起床，会寻求一些代课服务等手段来解决。这些问题一旦暴露出来，学校会作为严重的学术不端行为来处理。

◆ 学术不端行为后果

任何在测验、作业或考试中被发现作弊的人，都将获得不及格的成绩，并且还将被报告到大学学生行为办公室。除此以外，被认为学术不端的行为还会造成什么后果呢？以下列举了学校对违纪学生行为的处罚方式，不同学校和学术机构会有细微的差别。

1. 警告/谴责

如果学生发生了违反特定大学政策或校园规定的学术不端情况，并持续违反大学政策或校园规定的行为可能导致进一步的纪律处分，学校会书面通知学生。在学生蓄意和严重违反规定的行为一再发生的情况下，可以发出警告。

①非正式警告指警告是以非正式的形式发出，即通知学生注意：如果以后还有违规行为，将导致更严重的后果。非正式警告一旦发出，将仅供内部参考，目的是警示学生不要再次发生违规行为。当学生以后的行为再次构成违规时，可能会发出正式警告，视学生以后的违规行为严重程度来考虑是否记录在案。

②正式警告采用书面通知。通知一旦发出后，学生的违规行为将被记录在案。

2. 丧失权利和排除某种活动

让学生在指定时间内，不得享有一些权利和参加指定的活动。在制裁期间，如果违反书面通知中关于丧失某种权利和排除参加某种活动的任何要求，或再次违反大学政策及校园规定，可能导致进一步的纪律处分，通常以缓刑、停学或开除的形式出现。

3. 纪律缓刑

纪律缓刑，是关注学生在特定时间段内的表现。在此期间，学生必须表现出符合大学行为标准的行为，可能会被施加限制学生某种权利或活动资格的压力。在纪律缓刑期内的不当行为或违反任何适用条件可能导致进一步的纪律处分，通常以停课或开除的形式出现。

纪律缓刑通常会针对更恶劣的违规行为和反复出现的严重违规行为而发布，以告知学生进一步的违规行为很可能导致暂时或永久离开校园。

4. 临时停学

临时停学指在特定时间内终止校园学生身份，至少在一个完整的学术季度，学生被从大学移除。学生不得注册课程、上课、提交课程作业、获得学分、留在大学宿舍，或参加由大学或其任何部门、团体及组织赞助的任何活动（除非学生主任特别授权）。被停学的学生也可能被禁止在停学期间进入、访问或出现在大学设施内，包括出于工作目的（除非得到院长或指定人员的特别授权）。

此外，停学还可能包括施加重新注册的条件。停学的最长期限为两年。如果被停学的学生在停学期结束后的两年内没有重新进入大学，则该学生在未经招生办公室接受正式申请且未经学生事务副校长或指定人员批准的情况下，不得重新进入大学。

如果学生满足所有学位要求但未在毕业时间点被停学的，在停学期结束前且满足所有重新注册条件之前，将不会被授予学位。在停学期结束并获准重新注册之前，学生不得参加毕业典礼练习。临时停学恢复前提是学生遵守了恢复停学的所有条件。

在首次违规情节非常严重的情况下，以及在发出警告或纪律缓刑后，如果不遵守或随后再次严重违反的情况下学校会处以临时停学。在停学期间违反停学条件、大学政策或校园规定可能导致进一步的纪律处分，通常会导致开除。

5. 开除

开除，是无限期中止学生身份。学生想重新进入大学，需要得到被开除学生申请的校长的特别批准。开除通常用于无法通过停学来解决的情况，因为多次违规行为的反复发生或虽然只有单一违规行为，但这种行为足够表明学生不值得有机会返回校园。只有在特殊情况下，才能被准许开除后重新返回校园。

如果学生存在对他人身体虐待、暴力威胁的行为，或其他与校园有序运作不相容的破坏性活动时，由相关法律惩戒。

第七章
在美生活

学生赴美留学既是学习的过程，也是一个深入了解美国风俗、人文的生活历程。生活无小事，无论是柴米油盐，还是社交、出行等，学生都要自己亲身经历。而所有的经历，无疑都会让学生对美国生活有更多的了解。

充分融入美国社会生活，学生才能够更加游刃有余地处理学业与生活的关系，并锻炼自己多方面的能力。简单举个例子，学生在美国生活时不可避免地会遇到生病就医的事情。而在美国看医生，是与国内有着明显不同的。这就需要学生事先了解一下在美国就医的流程，也要了解很多注意点，免得因为沟通不畅导致各种意外情况出现。

此外，在美国开车出行是常态，考取驾照也是必然要进行的事情。学生要提前知道考取驾照的流程以及相关规定。同时，在美国留学期间，很多学生也会去打工赚钱，以更好地支撑自己在美国的生活。打工其实有很多需要注意的事情，而且除了赚钱外，还能锻炼自己的社交能力，甚至还能与自己的学业挂钩。

如果学生能更好地注意当地的社交习俗，可以轻松扩大自己的社交圈，并加速融入美国生活。当然，学生也要关注在留学期间的心理健康，从容面对压力和心理问题，以更健康积极的心理状态去迎接机遇和挑战。

本章将针对在美生活方方面面的事宜，来做详细讲解。

第一节　留学生如何在美国就医

生病就医，是每个在美留学生非常关心的问题。

美国医疗保障体系主要是由保险公司、私立医院、公立医院构成的市场主体组成，保健筹资体系基本上都由保险覆盖；美国看病实行预约和分诊制度，医院不设置挂号的地方，由家庭医生（或初级保健医生）、专家、紧急护理、急诊室几个层次分级组成。

一、选择医生与医院

那么，对于在美国的留学生来说，最需要弄清楚的问题是在受伤或生病时应该去哪里就医合适。学生自然可以选择治疗不同类型疾病的医生和医院，重要的是要正确高效地选择适合自己的医生和医院。

◆ 大学的学生健康中心

大学的学生健康中心可以为学生提供广泛的服务，并能够为学生做一定的治疗。在大学的学生健康中心治疗，学生无需担心他们是否接受自己的保险。学生健康中心应该是当学生感觉不舒服时访问的第一个地方。在学生健康中心，学生的免赔额和共付额相对较低，学生能获得更大的承保范围。

◆ 初级保健医生

如果学生无法进入学生健康中心，那么去看初级保健医生应该是首选，后者为各种疾病和伤害提供治疗。学生可以选择不同类型的初级保健医生，例如家庭医生、内科医生、儿科医生、妇产科医生等。

美国的医院没有挂号处的，医院只有急诊间，只收留诊治急诊病人。对于一些常见症状，学生看初级保健医生必须提前预约。初级保健医生和家庭医生承担的任务是为学生看病。遇到比较复杂的病情，初级保健医生和家庭医生会为学生联系专家或专科医院，并且会联系好能够覆盖该学生保险的医院。所以学生在预约初级保健医生和家庭医生时，要告诉他们自己的保险号。

◆ 专科医生

美国的专科医生在特定医学领域接受过培训，能够解决学生相应的医疗状况。建议在看专科医生之前先去看初级保健医生或家庭医生，因为后者可以治疗大多数伤害或疾病。初级保健医生若无法治疗，会协助学生联系好那些能覆盖保险的专科医生。

◆ 紧急护理/步入式诊所

对于需要立即关注但不危及生命的医疗状况，这是学生应该去的地方。这些医疗机构接受步入式，因此学生可以进入看医生而无需预约。此外，如果学生遇到初级保健医生无法治疗的症状，也可以接受紧急护理。重要的是要分清需要立即治疗与处于紧急情况或危及生命的疾病之间的区别。比如出血和割伤要得到立即治疗，但并不会危及生命，这种情况应该去紧急护理而不是急诊室。

◆ 急诊室

只有当遇到危及生命的紧急医疗状况时，学生才应该去急诊室。请记住，如果学生因非紧急情况而去急诊室，承保范围则无法保证，并且价格更高。学生如何确定自己的病情是否可能危及生命？可以参考一些急诊范围的病情清单，比如持续性胸痛、骨折、严重烧伤、严重胃痛、挫伤、头部创伤或严重割伤、突然头晕或迷失方向、心脏疼痛和呼吸困难等。学生碰到需要急诊的情形可以搜索附近的医生和医院，可以参阅保险卡的正面，查到哪个医院适用自己的保险。

二、保险计划

一个在美国的国际学生若有保险计划，在美国因生病或受伤看病是会受保的。一般情况下，学生可以选择自己想去看的医生或医院。当学生接受治疗时，大部分的保险公司不会限制学生选择特定的医生。但是有部分保险公司要求购买保险时加入附加计划，才有以上功能。因此，还是建议学生去已经和保险公司有协议的医生或医院就诊。我们将这些已经与保险公司达成协议的医生/医院，称为网络内提供商。

通过选择网络内提供商，学生将在以下方面受益：治疗时可以获得网络折扣；保险公司向医生提供直接账单，使学生不必自己掏钱支付整个治疗费用。一般保险计划供应商的网络是全国性的，所以无论学生在美国的任何地方，都非常容易找到附近的医生。

三、看医生要做的准备

为了就医更便捷高效和取得更好医疗效果，以下是关于学生去看医生时要做的准备。

1. 提前准备

学生一定要好好了解自己想向医生传达的关于健康状况的信息，这将有助于医生尽快更好地治疗疾病。

2. 请学生列出自己的疑虑

提出自己的任何疑虑，以帮助医生更好地了解学生的医疗状况。这可能包括学生正在经历的任何新症状、接种的疫苗，甚至正在进行的治疗如何影响自己等。如果有多个问题，最好在看医生前先列出一个清单并询问最重要的问题。

3. 不要害怕提问

不要害怕向医生询问自己关心的问题。诚实地表达自己的感受，并尽可能多地获得指导性的医疗建议。

4. 如果学生看病需要翻译，请申请翻译

如果学生去看医生时在语言沟通有问题，可以向医生办公室要求提供翻译。有翻译会让自己和医生在讨论目前的医疗状况时，感觉更舒服。请务必提前致电医生办公室，以便确认他们能够安排翻译人员。

5. 准备好学生的保险 ID 卡

其中包含保险提供商能用于验证学生承保范围的必要信息。

6. 预支共付额

准备好一些钱，以防万一可能要求学生预先支付计划的共付额。学生必须向医生或医院支付小额费用时，不会被动。学生可以查看自己计划的保单手册，或与保险公司联系以获取更多详细信息。

7. 提交索赔

当学生向医生或医院提供保险详细信息时，后者会把这些信息作为提交索赔所需的所有基本详细信息。在学生就诊后，请务必与医生办公室跟进，了解医生或医院是否已将索赔提交给正确的部门。

8. 心理上的准备

在美国就医的程序，和在国内有很大不同，这会让留学生感觉在美国就医效率不如国内，会产生焦虑和不放心的情绪。从历史轨迹看，美国医疗系统已经运营很多年了。学生去看病应当有充分的心理准备，做到“入乡随俗”，不要有不信任医生或焦虑的想法。

第二节 在美国考取驾照全流程

毋庸置疑的是，美国是“驾驶者天堂”，而这是由多维因素构成的。从汽车方面看，美国很多汽车的价格相较国内低很多，豪车的价格更是比国内便宜不少。而改装文化的盛行，让很多汽车爱好者都能拥有属于自己独一无二的爱车。比如《速度与激情》系列中的各种豪车十分吸睛，就很好地佐证出美国浓厚的汽车文化。

此外，美国的公路系统极其强大，四通八达的公路网蜿蜒盘旋。美国的大部分高速公路都是免费的，极大降低出行成本。美国道路上的交通标识数量众多，分布和设计也非常合理，随时能够提醒驾驶者相应的道路情况，大大提升了驾驶安全系数。同时，美国地广人稀，导致开车出门成为必然的选择。不会开车，简直寸步难行。换而言之，美国是一个“车轮上的国家”，个人开车出行是最普遍的交通方式。再加上较低的油价、大排量汽车带来的满满驾驶感等，让开车成为一件常事。

而另一个不能忽略的是驾照在美国生活中起着重要作用。在美国，驾照除了表示一个人具有开车技能之外，还是最普遍的身份证明。出门在外、买车、租车、买保险、住酒店、开支票、签信用卡等几乎都少不了它。其作用，简直相当于公民身份证。留学生无论是为了开车出行，还是为了让生活更方便，到了美国的首要任务之一就是尽快考下驾照。接下来要介绍的，正是留学生在美国考取驾照全流程。

◆ 考取驾照申请材料

先来科普一下，美国的驾照分为两种：learner’s permit 和 driver’s license。前者过了笔试就可以拿到，比较简单，但是不能单独上路。后者是正式驾照。拿到 Learner’s permit 后才能参加路考，路考过了就有驾照了。

留学生在考取驾照前，首先要注意的一点是，美国各州对驾照申请的要求及流程均不同。大家一定要在申请驾照前浏览当地 DMV（全称“Department of Motor Vehicles”，即“机动车辆管理局”）官网，仔细阅读考取驾照相关要求。

如果对考取驾照的流程不是很清楚，留学生可以先找学校的顾问老师沟通。一是因为顾问老师会热情地提供你需要了解的所有信息，比如考取驾照流程、需要准备的材料、国内驾照是否可以在本州使用等。与他们沟通，会让考取驾照流程变得更加容易。

二是因为在申请驾照时，你的学生身份必须在 SEVIS 中处于激活状态。有时 SEVIS 系统更新状态可能需要 10 天，所以建议留学生不要一到美国就去申请驾照，可以等入学两周后再开始申请。因此，需要顾问老师帮你核实 SEVIS 中你的学生身份状态。

还需要注意的是，有些州要求留学生的 I-20 表格有效期要至少剩 6 个月才可以申请驾照，所以千万不要拖到快毕业再考驾照。并且申请非美国公民驾照，需要证明自己是在美国居住的留学生。和学校顾问老师聊一下，他们会详细告诉你，留学生申请本州驾照需要注意的事项有哪些。

小贴士

申请驾照需要准备的是（因不同州要求不同，以下材料仅供参考，请以州的要求和顾问老师指导为准）：

①有效期内的护照，并带有美国入境的标记；

② I-20 表格（有效期需至少还剩 6 个月）；

③ 2 份证明你在州内居住的文件，比如水电费账单、银行的账单、租约等；

④你的社保号码，如无法申请社保号，则需要提供社会保障局出具的一封不符合申请社保号条件的信（Form SSA-L676）；

⑤学校入学表格（DL-1/93）；

⑥附有证明文件的美国签证，有效期至少 160 天；

⑦ I-94 表格；

⑧申请费用，因州而异，大致十几美元到二十几美元。

需要注意的是：

用来证明姓名的每项文件上所列的姓名都要相同；

证明文件中，至少有一项有你的签名；

DMV 不接受多项同类证明文件，比如三张信用卡会算作一张信用卡；

在申请驾照时或参加笔试前可以去 DMV 官网进行预约，免去排长队的等待时间。

◆ 考取驾照流程

在美国考取驾照的流程，就是要先通过笔试，再通过路考。步骤与国内相似，但更为简单。国内获取驾照需要顺利通过交通法规及相关知识、场地驾驶、道路驾驶、道路文明共四场考试。而获取美国驾照只需要进行笔试和路考两次考试即可。

这意味着，学车和考驾照的一切前提都是要通过笔试拿到 permit。如果没有 permit，上路练车都是违法的。

在纽约州和加州，因为中国人很多，所以提供中文驾照考试。其他州的情况，留学生可以查一下当地的 DMV 官网进行确认。要想通过笔试，自然得先下载软件进行学习。留学生可在应用商店搜索本州 permit，记得一定要输入州名，因为每个州的题库不一样。

学习好笔试知识后，带着护照、I-20 表格、学生证，以防万一，还可以带在校证明，到 DMV 考笔试，具体证件要求可以在本州驾考网站上查看，基本上大同小异。考试通过后，DMV 会现场签发一张临时 permit，随后再把正式的寄给你。请谨记，任何时候工作人员让你确认地址和个人信息时一定要仔细检查，避免出现意外情况。

把 permit 拿到手，就可以正式开启路考之旅。按法规，permit 持有者练车需要驾龄五年以上的老司机坐在副驾驶室陪同。留学生如果实在找不到人，可以去找当地专门教开车的老师，好的教练还会陪你去考试。

在预约正式路考前，需要接受不少于 50 个小时的驾驶训练和 15 个小时的夜间驾驶训练。还有一点需要注意的是，在美国路考需要自己备车，可以开朋友的车或者教练的车参加路考。

在路考通过并完成拍照后，DMV 的工作人员会给你一个纸质的临时驾照，正式驾照会在 2 周内寄到填写的地址。拿到正式驾照后就可以把护照放在家里，在需要出示 ID 的时候直接使用驾照即可。

◆ 美国开车注意事项

根据美国交通局的统计，每个持有驾照的美国人年平均行驶里程达到了约 21 687 千米，这个距离可以横跨四次美国。随着时间的流逝，美国的汽车工业和相关的道路设施也越来越完善，十分方便的公路几乎覆盖到了每一个角落。也正是因为美国人非常喜欢开车，所以美国也有着很多成熟的交通规则，这也是很多年来慢慢形成、演变的一些规矩和习惯。留学生在考取驾照后如果不知道这些规则，可能会被罚款。

其中重要的一点是，看到“STOP”标志必须马上停车。美国很多小的路口，没有红绿灯，但有上述这么一个标志，司机看到就必须在路口踩死刹车，左右看清是否有车，再做下一步决定。如果没有车，再快速开过。如果有车，就遵从彼此的先后顺序，先后离开。

此外，留学生切勿酒后驾驶，因为美国对酒驾的管控是非常严格的。针对酒驾，美国的每个州都有非常明确的标准。一旦被发现酒驾，轻则罚款扣分，重则有更严厉的处罚措施。为了自身，也为了他人，切记不要酒后驾驶。

同时，在美国开车要尊重警察，服从指挥。美国的交警并不会经常在十字路口守岗，而是开车四处巡逻。如果发现有人违规，就会让其停下。这时，一定要停车，千万别不要做无谓的反抗。要知道，美国警察随身带枪，且有权利掏枪。

至于专心开车、系好安全带、注意限速、做好预判、远离大卡车等，都是开车时需要注意的事项。愿所有留学生开车一切顺利，出入平安！

第三节　在美国留学期间打工的注意事项

在美国留学，学费和生活费用是一笔不小的开支。很多学生想通过打工，来补贴一部分生活费。此外，也有学生是通过业余时间打工来融入本地生活、锻炼自己。不论抱有怎样的初衷和想法，都要面对一个很现实的问题：在美国留学期间到底是否可以打工？

通常而言，美国政府对国际学生在校就业没有特殊限制。但是，政府已经明确规定，学生在学期中每周的工作时间不能超过 20 小时，假期的工作时间不能超过 40 小时。接下来，就一起看下在美国留学期间打工的注意事项。

校内就业

校内就业是这样定义的：在学校校舍内直接为学校进行的工作；在校园内为学生提供服务的实体商业公司（如学校书店或自助餐厅）工作。在校外地点进行的工作，该地点在教育上需与学校有联系。教育隶属关系必须为与学校的既定课程相关联，或基于合同资助的研究生研究项目相关。无论如何，就业必须是学生教育计划的一个组成部分。

而那些工作地点在校内但服务对象不是校内学生的，例如在校园内建造学校建筑的建筑公司就业，就不被视为校园就业。

由于学生的身份始终取决于学校的决定，因此在申请或接受任何工作之前，学生必须向国际学生办公室寻求指导和许可。如果学生对任何模棱两可的情况有疑问，可以要求他们解释。不过要注意的是——很多学校会要求学生在接受任何校内工作之前，获得国际学生办公室的许可，并且可能不允许学生在第一学期或第一年从事此类工作。

校内就业是 USCIS 法规允许的工作类别，校内就业的学生不需要 USCIS 批准就可直接工作。然而，尽管 F-1 学生签证持有者有校内就业的权利，但大多数学校的校内就业机会有限。因此，即使你可以在校园里找到一份工作，也可能不会依靠它来支撑一年的正常经济支出。

对于校内就业，持有 F－1 签证的学生须遵守以下规则：

学生必须保持 F－1 签证在有效的状态；

在学校上课期间，学生每周最多可以工作 20 个小时；

如果学生打算注册下一个学期，可以在假期和休假期间在校园内全职工作，但不等同美国居民。

关于校内的工作岗位，大学校园会提供一些清洁工、司机、行政助理、秘书、校警、联络员、中文助教等岗位。除此以外，学校的餐饮食堂、图书馆、实验室、计算机房等也会有相应的管理和服务岗位。有一定学术经验的学生可以应聘研究助理岗位。这个岗位的薪水比较可观，主要是为其他学生上课或从事协助研究工作，但这个岗位要求的学术水平比较高，竞争也很激烈。

◆ 校外就业

在学习的第一年，持有 F-1 签证学生不允许在校外工作。这意味着，学生第一年必须在校内工作，在学习一年后可以切换到校外工作。前提是学生具有良好的学术地位（由 DSO 确定），并且学生有资格参加下面几个培训计划：

1. 可选实践培训（OPT）

OPT，就是我们平时所说的实习，通常为期 12 个月。由大学的国际学生办公室帮助国际学生提交申请，有效日期为通过审批之日起以后 12 个月。不过学生必须在 OPT 有效起始日期 3 个月内找到工作，否则 3 个月后 OPT 自动失效。学生可以在课程结束前申请，即预选。这段时间内的 OPT，不包括在 3 个月的求职时间内。如果 3 个月内找不到，可以找一份志愿者工作，这也可以延长选择时间。

OPT 对于寻找从事与其学习领域相关工作的学生来说，是一个很大的好处。学生通过 OPT 可以在自身学习领域，获得宝贵的实习经验。对于持 F-1 签证的学生，可以获得总共一整年（12 个月）的 OPT 全职工作。如果学生不能在学年期间参加全日制的 OPT，也可以在暑假/寒假期间或毕业后参加 OPT。

非常好的一点在于，学年期间允许兼职 OPT 工作。在工作时间上，一个月的兼职 OPT 工作，算作半个月的全职 OPT 工作。因此，如果学生在大三期间兼职进行 8 个月的 OPT 工作，那么在毕业时将只被允许另外 8 个月的全职 OPT 工作。这是因为，要满足总共 OPT 工作不能超过 12 个月的要求。

满足以下条件才可以获得 OPT 的资格：

学生的 OPT 工作/任务，必须与自身的主要学习课程和教育水平有关。例如，如果学生正在学习工程学，则不能在服装店做零售工作，必须从事与工程相关的工作。

学生需要完成另外一个额外的步骤，向 USCIS 申请就业授权文件（EAD）并寻求工作许可。

学生在申请 OPT 之前，必须已经完成一年的学习。

学生的 12 个月 OPT 必须在毕业后 14 个月内完成

如果在毕业后申请 OPT，学生必须在完成课程后 60 天内向 USCIS 申请。完成课程的时间往往早于学生的毕业时间，这两个时间往往很容易混淆。

不得将英语语言课程作为主要学习课程。

2. 课程实践培训（CPT）

CPT 是另一个学生可以在校外工作的培训计划，且兼职 CPT 不会影响 OPT。学生可以申请兼职（少于 20 小时）或全日制（超过 20 小时）CPT。CPT 必须与学生的学习领域直接相关。例如，学习教育的学生可能需要在学校担任教师，并完成一定时间。在这种情况下，申请成为代课教师的学生将有资格获得 CPT。

此外，CPT 也必须是课程的一个组成部分。换句话说，该工作是学生的课程所必需的，或者学生必须获得该工作的课程学分。CPT 的一个主要优点是，与 OPT 不同，学生不必向 USCIS 申请工作许可证或 EAD。但是，学生仍然必须获得 DSO 的批准和认可。

申请 CPT 工作要满足以下条件：

学生的大学 DSO 认可显示在学生的 I－20 上。

必须完成一年的学术研究（研究生除外）。

工作需要成为学生学习计划的一部分。例如，如果学生的课程需要实习形式的实际工作，那么这符合 CPT 的条件，但要与学生的 DSO 核实，因为每所大学对 CPT 政策的解释有时会不同。

学生必须签署合作协议或获得雇主的信函。

CPT 的月数没有限制。但是请注意，如果学生在毕业前工作 12 个月或从事更长时间的全职 CPT，那么在毕业后就没有资格参加 OPT。

如果学生想寻求最大化的就业机会，应该在学习期间寻求兼职 CPT 工作，然后进行 12 个月的 OPT。或者，学生参与了 11.5 个月的全职 CPT，然后在毕业后参与 12 个月的 OPT。与 OPT 不同，CPT 不能在毕业后完成。

留学期间无论想进行哪种情况的打工，留学生都要向国际学生办公室充分了解学校的规定和美国国家对于留学生打工的相关法律和规定，以免造成不必要的麻烦。

第四节　在美国留学更轻松的开源节流方式

在美国，50 个州拥有 4500 多所经认可的高等教育机构。这些高等教育机构涵盖大型公立和研究型大学、文理学院和社区学院等，分布在全美不同的地理区域。因而，学生能够在充满活力的美国城市或独特的“大学城”中体验多元化的生活。

而从另一个角度看，美国大学始终在寻找优秀的国际学生，就如同国际学生前往美国留学希望进入优秀大学入读一样。但不得不说的是，优秀的教育体系是以庞大且海量的资金来支撑。这也导致美国大学的学费始终居高不下。U. S. News 发布的报告显示，2022 年公立和私立大学的平均学费都比上一学年有所提高。

即使疫情的出现导致学费有些许降低，但长期看，美国大学的学费还是处在高位区间。而除了学费外，国际学生还需要支付食宿费、交通费、书籍费等高昂费用。对大多数家庭而言，去美国留学都要面对巨额支出。在这样的形势下，如何降低留学成本就成为家长和学生最为关心的话题之一。

降低成本并增加收益的方法主要有两种：开源、节流。也就是说，留学生要从赚钱、省钱两方面，来让自己在美国的学习、生活更为从容。接下来的这份秘籍，就能够帮助留学生更轻松地开源节流。

◆ 奖助学金+打工实现开源

《荀子·富国》中有句话是："故明主必谨养其和，节其流，开其源，而时斟酌焉，潢然使天下必有余，而上不忧不足。"这句话的意思，就是要通过在收支上开源节流，实现民富国也富。古人的智慧流传千年至今，依然是被践行、被证明过的真理。

想要活用中国古代理财思想，留学生首先要做的就是"开源"，即开辟收入的新来源。而留学生开源的方式主要分为两种：获得奖助学金以及打工赚钱。

在前面的章节中，已经用大篇幅的文字详细介绍了美国大学的奖助学金。通过对奖助学金类型、申请步骤及申请材料的了解，留学生可以根据自身的成绩、特点等进行申请。只要是符合自身的诉求，都不妨尝试一下。毕竟每一笔奖助学金的金额都不可小觑，能极大减轻学生和家庭的负担。

在申请美国大学奖助学金的时候，要注意一点——讨价还价！按照以下几个步骤施行，就有望能最大限度地提高奖助学金的获得概率。

1. 了解学校意图

学校之所以提供奖学金，是希望鼓励学生在收到多份录取 Offer 时能优先选择它。此外，教授在录取过程中也起着决定性作用。若学生的学术水平获得了导师的青睐，导师也会希望利用奖学金来吸纳他需要的人才。看看学校网站，研究一下学校通常向类似情况的学生提供多少数额的奖学金。

2. 知道和谁联系

奖学金通常由招生办公室决定，而不是财务援助办公室。即使没有申请经济援助，学院也会向许多被录取的学生提供奖学金。如果你认识招生办公室中的任何一名老师（你的面试官、申请顾问或签署录取通知的人），可以和他取得联系。如果没有任何联系人的具体姓名，也可以直接联系招生委员会负责人。

3. 分享你的故事

你为什么会选择这所大学？什么个人特色让你成为候选人的不二人选？更重要的是，其他学校为你提供了哪些优惠政策？虽然你收获的其他学校的 Offer 并不具备很强优势，但如果这是你的唯一筹码，一定要好好利用起来。

4. 积极并且耐心

一旦你拿到了所有目标学校的录取通知，一定要在支付押金前立即与学校取得联系。给学校至少两个星期的时间来回应你的要求。如果你没有得到他们的回复，不要放弃，毕竟这段时间的录取办公室是最忙碌的，从电子邮件或电话开始，及时回应他们要求的任何信息。

除了奖助学金外，打工赚钱也是开源的重要手段。在前面的章节中，也详细阐述了留学生在美国打工的注意事项，主要是针对留学期间校内校外打工的时间及条件等进行细致剖析。而在具体打工时，还有很多值得注意的方面。

其中重要的一点是，留学生应结合自身优势找工作。一提到美国留学打工，很多人脑海里浮现的都是在餐馆端盘子或者在杂货店收银之类的工作，但其实体力活并不是唯一的选择。即使是打工兼职，留学生也可以充分结合自身的特长和兴趣，这样会有更多收获。比如擅长中英文翻译的同学完全可以找一份中文家教的工作，喜欢宠物的同学可以去宠物店打工或者兼职遛狗等。打工的时候结合自己的强项，这样不但让工作更加有趣，而且比体力活强度低，时薪也更高。

此外，留学生尽量找校内工作，因为校内提供的工作机会更安稳。打校内工的好处之一是没有那么多的政策限制，也不太可能会节外生枝。美国校园的工作机会其实有很多，像餐厅、图书馆和体育馆等都有很多岗位空缺。留学生刚到美国，不熟悉周围的情况，这个时候一份安稳的校内工作，显然是值得优先争取的。

但无论多想通过打工来赚钱，留学生都要记住一点：一切都要以学业为重，不要因为赚钱就一门心思扑在其中，而忘了来美国留学的初衷为何。

多种方式让节流成功

如果说“开源”是为了获得更多的资金来支撑留学，那么“节流”就是通过省钱来减轻经济压力。彻底的省钱方法，自然就是选择美国中部和南部一些州的大学，作为留学目的地。毕竟这些地方的大学学费较低，生活费也不算很高。

而且学生也可能选择在社区大学先学习两年，再转学到优秀大学完成后两年的学业。这也能够节约一大笔费用，要知道社区大学的学费通常较低，甚至有的社区大学一年学费低于 10000 美元。不过通过选择学校来省钱的方法虽然够“彻底”，但对于想报考知名大学的学生而言，有些得不偿失。

还可从住宿方面省钱。美国大学的住宿形式，一般分为校内与校外两种。校内住宿很方便，但价格相对较贵。而在校外与几个同学合租的话，会省下不少钱。但选择校外住宿地点的时候，一定要注意安全，多打听一下周边的治安情况。通常来说，留学生初到美国第一年会住在校内宿舍，第二年及以后再到校外租房。

另外一个众所周知的省钱方法，就是在购书方面上。要知道，美国大学的教科书非常昂贵，动辄几百美元一本。要想在教科书方面省钱，有几个妙招。一是去美国大学图书馆及各个城市里的图书馆借书，这些地方有很多藏书，一些教科书、课外参考书也会有，而且是免费借阅，但比较考验运气。在图书馆借阅图书要注意及时续租和归还，也要避免在书上乱写乱画。

购买二手书，也是省钱且不会影响学业的好方法。留学生可以通过学长学姐购买二手书，也可以在亚马逊等网站上享受买书、租书乃至卖书的一站式服务。但千万要注意的一点是，千万不要为了省钱而去复印教科书，这很有可能构成侵权行为。

信用卡返现，也是不错的省钱方式。美国的信用卡基本都有返现，对资质要求最低的美国银行最基本的信用卡也有1%的返现。留学生要争取尽早通过在学校打工或者实习的方式拿到社会安全号码（ssn），这样就可以申请返现更高的信用卡。攒积信用是个很必要的过程，推荐Chase Freedom和Discover。这两个都有返现（cash reward）的项目，就是说你在特定的时间内特定的一些目录（category）消费，会有5%的返现，平日里在其他地方的消费则会有1%的返现。

在买衣服时，留学生可以善用Thrift Shop，能够购买到物美价廉的衣服。而在食物方面，自己做饭肯定是最省钱的方式。美国超市的食物都很新鲜，无污染的绿色蔬菜也很多。留学生只要学会了做饭，那么既可以少吃导致肥胖的快餐食物，还可以节约费用，学到厨艺。当然还可以告诉留学生一个小窍门：如果不仅想减少自己用餐消费，还想赚取外快的话，到餐厅打工是不错的选择。

在美国出行，开车是不可或缺的方式。留学生在考取驾照后，就可以购置属于自己的汽车。要想省钱的话，自然非二手车莫属。美国二手车市场在经过数十年的发展后已经相当成熟。在形成一套行之有效的规则基础上，从价格、质量、服务等多个方面为消费者提供了保障。时至今日，美国已建立起了一套很完善的旧车认证、置换、拍卖、收购和销售体制，且这项制度已推广到几乎所有品牌的汽车生产商。留学生可以放心购买经由汽车生产企业或大型经销商认证的二手车。这样不仅品质有保证，还能省下一大笔钱。在毕业后还可以轻松把自己的车卖掉，顺利“回血”让钱包再鼓起来。

同时，学生证在消费方面也有非常大的用处。通过使用学生证，在学校规定范围内乘坐公共交通不用钱，购买保险、看电影、健身等都会有折扣。购买苹果电脑出示学生证，可以减一两百美金。去各大商店时记得询问是否有学生折扣，有些网站用学校邮箱注册也会有优惠。

从种种数据看，美国大学的四年毕业率其实并不高，很多学生往往需要六年乃至八年才能毕业。因此，如果留学生能够按时毕业，省下来的学费是很可观的。在美国只要合理规划选课，就有非常大的可能按时毕业，且不会经受太大的读书压力。留学生可以在入学的时候咨询学校的选课辅导师，让他们帮助规划接下来几年的课程，按部就班选课上学，并按时毕业。

总的来说，在开源与节流的双重配合下，学生和家庭都能真正降低留学支出。在留学期间注重开源与节流的方式并真正践行，也能让留学生培养理财意识，并更好地在财务、时间、学业等方面全方位地实现高效自我管理。积极自省和科学规划，实现真正的自我成长。

第五节　在美国需要注意的社交风俗

纵观全球不同的国家和地区，社交风俗存在极大差异。很多人都想待在让自己感觉舒服的“社交舒适圈”，不想走出来。但为了自身的理想和未来发展，也为了契合全球化的大趋势，跳出“社交舒适圈”并勇于走向世界，成为不少人的选择。尤其是对留学生来说，无论是想接受国外教育或是体验不同文化，申请美国高校都是一个自我挑战和自我提升的机会。但必须看到的是，中西方文化在很多方面有着很大的不同。对于初来美国的留学生而言，从踏入异国土地的那一刻起，在心理上或多或少都会存在一定的社交恐惧感。

在美国上学要注意哪些社交风俗？又该如何扩大自己的社交圈？如果想秒变社交达人并如鱼得水地开启留学生活，就继续往下看吧。

◆ 社交风俗需注意

中国与美国隔着一个洋，物理空间上的距离导致文化差异也是非常大。社交风俗的不同，也成为留学生初入美国时遇到的难题。为了更快地适应美国生活，留学生要注意那些约定俗成的社交风俗。

美国社交礼仪，其实在于两个重点：尊重别人隐私、获得别人允许。其他要注意的社交风俗包括：

1. 服饰礼仪

当留美的学生被邀请去参加宴会或舞会的时候，请帖上一般会写明着装要求：

Casual 或 informal：可以随便穿，但是短裤、凉鞋还是要避免；女士化淡妆、穿连衣裙就好。

Business casual：适合不太正式的职场聚会（扩充人脉的派对）。一些不错的餐馆都会要求 Business casual，这比 dressy casual 随便一些，但是不能穿牛仔裤。

Dressy casual：男士比较讲究一点的便装，像西装上衣配休闲裤、衬衣配休闲西裤等；女士则可以穿连衣裙、漂亮上衣配裤子、毛衣配裙子等。

Formal：男士要穿晚礼服，前襟领子是黑缎面的，配白衬衫、黑领结、黑腰带、黑袜子、黑鞋，裤子两侧夹缝有和领子同面料的黑缎夹条；女士要穿晚礼服，搭配小包和鞋子、项链、耳环等。

服饰礼仪更有很多细节，需要美国留学生注意。在美国女性最好不要穿黑色皮裙，否则会引起别人的误会。一位女士不能随随便便地在男士面前脱下自己的鞋子，或者撩动自己裙子的下摆，这往往会令人产生误会。拜访美国人时，进了门一定要脱下帽子和外套，美国人认为这是一种礼貌。穿睡衣、拖鞋会客，或是以这身打扮外出，都会被美国人视为失礼。出入公共场合时化艳妆，或是当众化妆补妆，会被人视为缺乏教养。

2. 电话礼仪

接电话拿起话筒的时候，可以先用 Hello、Good morning、Good afternoon 等问候对方，并报上姓名，给人态度亲切的感觉。如果没有听清对方找谁，或者对方没有说清楚，可以说：Who would you like to speak with？打电话时拨通电话后，听到对方声音后可以说good morning/afternoon（看当地时间），然后自我介绍，说明打电话的目的（办某件事、查询某事情、问问题等），然后就可以接着聊天。

尽量避免过早或者过晚打电话。没有什么急事，一般吃东西或者喝饮料时也不会打电话。像午餐时间一般不会打电话，会避开吃饭时间。一般在第二声铃响时接电话。如果超过四声才接，应表示歉意。

3. 邮件礼仪

邮件在美国是非常重要的沟通方式，到美国后学生一定要学会使用邮件。邮件内容的主题总结出来放到标题上，防止被当作垃圾邮件处理掉；用来发邮件的邮箱名字最好正式点，不需要写自己的名字。

在邮件开头介绍自己，或者向对方表示感谢。感谢对方是邮件开场白的好办法，能让对方感到高兴，特别是之后你有事相求的情况下会很有帮助。而在邮件结尾处表示感谢是对将来的帮助表示感谢。事先表示感谢，能让对方在行动时更主动更乐意。

4. 校园礼仪

课堂上，眼睛与老师有交流互动，及时回答老师问题；其他同学回答问题时，积极关注，适时发表自己的见解；有问题需要解决时应示意老师。

宗教信仰方面，尊重其他老师或同学的宗教信仰，不要试图改变别人的宗教信仰，而应接受并给予尊重。

着装上，不同的场合穿着合适的衣服，比如体育课上穿的运动服不要穿到英语课堂上，不要染古怪的头发颜色。

同学之间应互相尊重，禁止种族歧视，拒绝校园暴力和霸凌。

5. 其他礼仪

给小费：当你得到别人的服务时就应付给小费，如果服务特别周到，还要多付。一般的小费比例为15%。但要注意，绝对不可以给警察、大使馆职员等公务人员付小费。

增强时间观念：约会的时候要准时；赴宴则最好迟到几分钟，如果比主人先到，反而失礼。若有紧急状况无法准时赴约，必须打电话通知和解释，绝不可无疾而终、让人空等。

尊重隐私：美国是一个特别重视个人隐私的国家，不会问新结识的朋友任何有关个人经济、宗教及政治等方面的问题。体重和年龄也是他们不愿提及的话题，即使是很年轻或身材很好，也最好不要谈论。

行路乘车：行路一般以右为尊；与女士同行，男士应走左边，出入应为女士推门。搭车时，车主驾车，前座为尊，自己开车时须先为客人开门，等坐定后才上车启动。

习惯 AA 制：美国人推崇 AA 制，不喜欢请客或被请客。和美国人一起外出时，要各付各的费用，车费、饭费、小费等无不如此。

◆ 积极扩大社交圈

到美国留学的学生，一定需要做好“3S”，也就是 sleep、study and social，由此可见社交的重要性。但是留学生初到一个陌生的国度，想要拓展自己的社交圈子需要一定的方式方法。留学生为了使自己能更快融入美国生活，不妨掌握一些实用技巧。

1. 尽全力提高英语水平

语言上的交谈，是成功打开朋友心门最关键的一把钥匙。所以建议留学生在前往美国之前，就要牢牢打好英语基础。优秀的英语不论是生活上，还是学习上，都起着至关重要的作用。如果你觉得自己的英语交流能力还不到位，最好先上 ESL 选修课，补习一下英文。但很多同学会认为上英文课会妨碍到本科系的修课，其实 ESL 选修课有助于本科系课程的理解、口头表达及研究技巧。

当然，想要尽快提高英语水平，单凭上英文课是远远不够的，还要在过程中学以致用、融会贯通。在课余时间，学生可以多看一些美剧，听一些英文歌曲，或是阅读一些美国的报纸、书刊，逐渐培养自己的语感。在上课时，课堂也是最佳的学习阵地。教授的发言中每一个单词与句式的用法和表达方式，都是活生生的教科书，平时大家都可以效仿使用。

2. 增加课堂活跃度

对于留学生来说，想要吸引更多的国际朋友，优秀的学习成绩是一方面，但更重要的是自我表现力和对事物认真负责的态度。美国的课堂特别重视学生的参与性与活跃度，可以说是一个社交型课堂。教授经常会布置一些关于讨论发言的功课，需要你与其他同学组成小组分配任务，沟通协作，并展示成果（presentation）。

这时就是学生展现自己的最好时机，因为一个精妙的发言、一个绝佳的点子等，都会提升你自身的影响力，在朋友心中加分。积极参与课堂讨论不仅可以有效提高思维逻辑性，还可以利用这个机会借鉴他们地道的表达方式。所以，想要真正地融入美国生活并结交好友，最好就是增加自己在课堂上的活跃度，主动与美国或是其他国家的同学交流沟通。

3. 多参加社交活动

在美国留学期间，快速交友最行之有效的方法就是利用课余时间多参加社交活动，比如学校的社团、各种俱乐部、运动组织、学生会等。在结识新朋友的同时，也锻炼了自己各方面的能力，更有助于了解当地文化。或者找一份适合自己的兼职工作，也是非常不错的选择。当脱离学生的身份，和工作伙伴、老板和客户等这类人交流时，不仅可以收获到很多学校之外的知识和经验，还可以提高生活类英语的应用能力，也对今后的社交生活产生很大的帮助。

当然，大家也可以为自己投资，选择学习一项新技能。无论是潜水课、语言课，还是吉他课，在学习过程中很可能结识与自己志趣相投的朋友。只要有了共同的爱好，不同的语言和文化将不再是距离，彼此间更容易产生友谊。

其实对于赴美留学生来说，课业负担还是相当重的，在闲暇之余多参加这类活动也是一种很好的减压方式，不管从哪一方面来看，都是大有裨益的。

第六节　关注留学期间心理健康

心理健康，从来都是一个不容忽视的问题。《心灵飞舞》中就提到，“心灵的升华需要思维的扩展，思维的扩展需要精神的能量。”哪怕人们必须面对现实的压力、苦恼等，但只要心理健康，内心依然是快乐且满足的。

从另一个角度看，我们国家也非常重视人们的心理健康。早在 2019 年 7 月我国发布的《健康中国行动（2019—2030）》提出，“心理健康促进行动”是十五项专项行动之一。该行动第一项结果性指标即“居民心理健康素养水平”，但要想真正实现全民心理健康的目标并不容易。

而往往孤身在海外学习、生活的留学生，更易出现心理方面的问题。甚至在某些方面，留学生群体是心理问题频发的重灾区。留学生到底面临怎样的压力和心理问题？又该怎样缓解呢？

◆ 负面心理情绪出现

在疫情出现后，学生群体通常会面临很多压力。由于疫情的持续影响，许多大学生都出现了负面的心理情绪，其中一部分学生认为这些消极情绪妨碍了他们的正常学习与生活。而对于留学生而言，负面的心理情绪可能出现得更多、更为严重。

原因很简单，疫情在让很多事情变得更为不确定。最直接的表现，是此前多所海外大学只是展开线上教学。倒时差去学习、进度难以跟上、没有近距离的学习体验等，给留学生带来学业方面的压力。不过伴随海外大学迅速恢复线下教学，留学生的心理压力有所缓解。

此外，留学生还要面对出国及回国过程的压力。在疫情反复的大背景下，无论是出国还是回国，往往会遇到天价机票、不能任意出行等问题。很多留学生的计划被打乱，这无疑会引发迷茫心态。

同时，短期内难以适应全英文的学习与生活环境、不熟悉国外授课模式、无处不在的文化冲突、时刻袭来的孤独感以及未来就业情况等，也让留学生群体的压力不小。比如在学业压力方面，虽然出国前做了巨大的努力也做了准分的准备，但多数留学生并没有真正理解美国高校教育模式的要求。在这样的前提之下，学生们越努力，越有可能会加深他们在国外的挫败感。他们一堆堆精心整理的笔记并不能促成一篇论文提纲。

另一个常常被人忽略的问题在于，有的留学生很难和学术导师建立富有成效的关系，而这无疑加深了他们的挫败感。在此前美国西南部一所大学针对 19 名研究生的调查中，他们表示，压力来自很难取得导师的信任。而另一些人坦言，有时候一宿一宿睡不着觉，翻来覆去，想自己白天和导师聊天时候词不达意的地方，比如不愉快的谈话，或者给导师的邮件中是不是有措辞不当的地方……

尽管留学生出现心理问题的比例低得惊人，但很少人知道学校有心理健康咨询的服务。而真正咨询过的同学更为少数。甚至在进行过心理咨询的学生看来，更大的窘境在于语言障碍是很多压力的根源，很难用英语去表述自己的困惑和情绪。

◆ 正视问题并缓解压力

当负面心理情绪出现时，留学生首先要明白：心理健康与身体健康类似，都不是一蹴而就的事情，需要从日常生活中逐步提升。

同时，留学生也要认识到负面心理情绪的正向价值。如果我们生活在一个没有疼痛的世界，摔伤了不会疼，流血了也不会发现，这会给生命带来极大危险。与之相同的是，如果没有恐惧、愤怒、焦虑等各种负面心理情绪，我们也会缺少很多重要的信号，可能无法有效地回避危险、调动能量。

不同的负面心理情绪，有着各自的价值。耶克斯－多德森定律告诉我们，适宜的焦虑水平有助于我们更好地发挥自己的能力，获得最佳的成绩。因此，学会正视心理问题并缓解压力至关重要。

留学生一旦出现任何负面心理情绪问题，都可以及时向老师或同学寻求帮助，千万不要觉得不好意思说出口。而且为了保证学生的心理健康，美国大学通常会提供心理咨询服务（简称 CAPS）。搜索“Counseling and Psychological Services” +“学校名称”，即可获得机构相关信息。

除了寻求帮助外，留学生还可以积极建立自己的社交网络、参与社团活动，不要将自己的内心封闭。当然，留学生还可以培养自己的爱好并坚持下去，以此来调节心情。适当放松一下，做一些自己喜欢的事非常重要。大脑清醒以后，效率会更高。而在面对高强度的学业压力时，留学生要进行自我调整。尽量保持“我一定能做好”的强烈信念，以积极的心态去完成学业。

心理健康问题不容小觑！留学生要在心理层面趋利避害，培养更健康有益的思维方式和生活习惯。心态的调整当然不容易，最直接的方法是从改变行为开始、从现在做起。希望每位留学生都能拥有健康的心理状态，积极迎接全方位的挑战和机遇。

出国留学是一项刺激的挑战，往往伴随着各种各样的困难。但也正因为如此，才会激励学生快速成长，变得更强大、更自信。希望大家在留学期间，都能够度过一段充实而美好的时光。